Günter von Hummel

,inter – hot'

Gespräche mit dem Unbewussten

AF284963

Das Umschlagsbild von T. Heydecker hat den Titel ‚Gefangen im Netz‘. Gemeint ist das Netz des seelisch Unbewussten, in dem der Mensch mehr als woanders gefangen ist. Nicht so sehr eine Revolte gegen äußere Zwänge ist daher gefragt, sondern gegen das innere Chaos, das aus den verwirrenden Buchstaben besteht, in die die sitzende Gestalt verwickelt ist. Sie stellt zudem ein ‚Subjekt ohne Kopf‘ dar, was dafür spricht, dass es sich um einen Psychoanalytiker handelt, der nichts rationalisieren darf. So tauchen aus dem Unbewussten rätselhafte Worte auf – wie das ‚inter-hot‘.

Herstellung und Verlag: BoD – Books on Demand, Norderstedt
ISBN: 9783756217380
Lektorat: Franz X. Gfirtner, S. Möckel

Inhaltsverzeichnis

FSC
www.fsc.org

MIX

Papier aus ver-
antwortungsvollen
Quellen
Paper from
responsible sources

FSC® C105338

Bild- und Wort-Wirkendes

1. Linguistik der Lüge

nomenseis oder *enseisnom*, egal von welchen Zeichen bzw. Buchstaben oder Runen ausgehend man das im Kreis Geschriebene liest, es kommt jedes Mal eine andere Bedeutung zustande und ein anderer Sinn heraus.[1] Diesem hier gezeigten Beispiel liegt die lateinische Sprache zugrunde, aber es könnte auch eine andere sein, die man auswählt. Da die Formulierung in ihrer Vielschichtigkeit keine endgültigen Bedeutungs- oder Sinnzusammenhänge ermöglicht, entsteht die Frage, was das Ganze überhaupt soll. Nun, es soll der einzig mögliche ‚Anfang' sein, der heutzutage noch in der Wissenschaft gemacht werden kann. 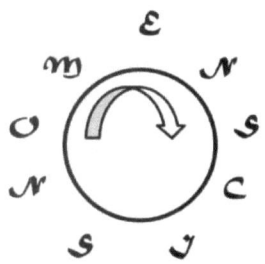 Üblicherweise beginnen Geisteswie auch Naturwissenschaftler mit schon vorgefassten Feststellungen oder Begriffen, und sie begründen den Anfang – sozusagen – gar nicht mehr anfänglich.

Sie beginnen z. B. mit ‚Am Anfang war . . . .', ‚Durch Beobachtung von . . . .', oder die Wahrheit ist . . .' usw. Aber macht es Sinn so zu beginnen? Mit dem Wörtchen ‚Am' oder ‚Beobachtung' ist ja etwas gemacht worden, was eigentlich den Anfang schon ohne Begründung darstellt und so einen nur überrumpelt. Gott und Wahrheit? Eine Bedeutung ist schon vorzeitig gesetzt worden, auch

---

[1] Die etwas seltsame Schrift soll der Verbildlichung dienen, um den Kontrast zum Worthaften herauszustellen. Weiteres später.

wenn der letztliche Sinn vielleicht noch offen bleibt. Mit dem Halbsatz ‚Am Anfang war' ist es noch schlimmer, und wenn dann auch noch weitere Wörter dazugesetzt werden, ist der Blödsinn fast vollendet. Woher will jemand wirklich sagen können, was den Anfang macht? Die feministische Philosophin und Physikerin K. Barad schreibt: „Anfang" ist wie alle Anfänge immer schon durchwirkt mit der Erwartung, wo es hinführt, aber nie ankommen wird, und von einer Vergangenheit, die erst noch kommen muss."[2] Mit anderen Worten: es gibt gar keinen Anfang, es sieht nur so aus. Wenn die Astrophysiker ganz einfach sagen: anfänglich war der Urknall, vergessen sie, dass es hier nur um Physik geht, und wenn es im Neuen Testament heißt: es am Anfang war das Wort, ist das genauso kühn.[3] In Goethes Faust wiederum liest man unter anderem, dass die Tat den Anfang gemacht habe, und noch kurioser haben es die Linguisten versucht, das A des Anfangs zu begründen.

Sie haben behauptet, einen grammatikalisch einwandfreien Satz gefunden zu haben, der sinnlos (ohne Semantik) und damit ein Modell für das Vorsprachliche, für den Anfang der Sprache ist (als allein urgrammatikalisch). Die Linguisten wollten damit zeigen, dass die Grammatik (z. B. Chomskys generative Grammatik) die Urformel schlechthin darstellt. Erst später haben sich daraus Semantik, also Bedeutungszusammenhänge und anderes entwickelt. Der gerade erwähnte Satz, der auch von dem berühmten Sprachforscher N. Chomsky stammt, lautet folgendermaßen: „Colorless green ideas sleep furiously" (farblose grüne

---

[2] Barad, K., Verschränkungen, Merve (2015)
[3] Johannes 1,1

Ideen schlafen fürchterlich). Nun ist dieser Satz absolut nicht sinnlos.

Er wurde vielleicht in einer Zeit erfunden, als es noch keine Grünen Parteien gab oder entsprechende Politiker. Denn dass ‚grüne Ideen' ‚farblos' sein können und vielleicht sogar gerade dadurch ‚fürchterlich schlafen', klingt – zumindest psychologisch – gar nicht so unsinnig. Politisch mag man darüber diskutieren oder gar das Gegenteil zutreffen. Später haben die Linguisten daher einen anderen Satz gewählt: „Der Gnafel gircht, dass Inkeln schnofel sind". Aber auch hier ist eindeutig – vielleicht sogar noch besser als im ersten Satz – ein Sinn heraus zu lesen. Der ‚Gnafel' ist ein Jemand, möglicherweise eine mythisch märchenhafte Figur, ein Kobold oder Gnom, egal, er ist auf jeden Fall einer, der nicht moderne Sprache spricht, sondern ‚gircht', raunzt, grunzt, röchelt oder sich irgendwie sonst artikuliert. Zudem wird ganz klar etwas ausgedrückt, und zwar dass die ‚Inkeln' (wohl ähnliche und doch gegensätzliche Wesen als die ‚Gnafels') ‚schnofel' sind (blöd, schäbig, schofelig oder was auch immer eher Abwertendes gemeint ist). Die Aussage dieses Satzes ist also weitgehend klar.

Der französische Psychoanalytiker J. Lacan meint daher zu Recht, dass jeder Satz – wie entstellt er auch sein mag – Sinn habe. Er wollte damit auf den Sinn des Unbewussten hinweisen, jenes seelischen Bereiches, der – wie er sagt – ‚wie eine Sprache strukturiert ist' und damit sich auch irgendwie sinnvoll artikulieren kann, auch wenn es nicht von selbst geschieht. Zudem: ‚W i e eine Sprache' soll eben heißen: das Unbewusste ist einer symbolischen Ordnung, einer Laut-Zeichen-Ordnung folgend so aufgebaut, dass die

Dimension des logischen sich Vermittelns vollständig vorhanden ist, in der – wenn auch nicht umgangssprachlich – die Wahrheit (und damit freilich auch die Lüge) eine Rolle spielen können. Denn die Natur und auch die nüchterne Linguistik selbst kennt keine Wahrheit. Es gibt in ihr vielleicht Begriffe wie ‚richtig' im Sinne von passend und ‚falsch' (negativ, unangepasst), aber nicht Wahrheit und Lüge.

All die erwähnten Wissenschaftler verwenden nämlich damit – wie Lacan weiter sagt – das ‚präformierte Modell einer richtigen Antwort'– und legen nicht Wert auf den Kampf um das Wesen der Sprache und um die Wahrheit.[4] Damit der Hörer exakt das sagen wird, was man möchte, liefert man ihm ein scheinbar völlig unabhängiges, neutrales und schon vorgefasstes Modell, aus dem heraus eine Aussage entwickelt werden kann, die jedoch nichts anderes als die mit vorprogrammierte Antwort selbst ist. ‚Am Anfang war' ist ein präformiertes Modell, das schon die richtige Antwort enthält, nämlich dass der Betreffende, der das sagt, bereits alles darüber weiß. Er kennt nicht nur den Anfang, sondern weiß auch davon, wie es weitergeht oder – ging. Er hat es gesehen, gemessen oder gut ausgedacht. Er hat der Unwissenheit einfach ein Wissen gegenübergestellt, anstatt eine Wahrheit auszudrücken, in der sich der Begriff Unwissenheit erst richtig konstituieren kann.

Denn die Unwissenheit ist nicht etwas, das man durch mehr und neues Wissen ersetzen kann. Vielmehr – und jetzt kommt nochmals so ein pfiffiger Lacanscher Satz - „konsti-

[4] Lacan, J., Seminar I, Walter (1986) S. 202

tuiert die Unwissenheit sich polar zur Beziehung auf die virtuelle Position einer zu erreichenden Wahrheit."[5] Das klingt kompliziert, heißt aber nur, dass die Unwissenheit eben nur durch ein Wissen, das den Blick strikt auf die Wahrheit gerichtet hat, ausgeglichen werden kann. Ohne entscheidende Orientierung an der Wahrheit, die virtuell über allem thront, kann Unwissenheit nie mit noch so viel gutem und neuem Wissen aufgehoben werden. Noch weiter vereinfacht: für das menschliche Subjekt muss das Wissen der Wahrheit dienen und nicht umgekehrt. Die Wahrheit will wissenschaftlich auf sie selbst bezogen gewusst werden, anders ist sie heute für das Subjekt nichts wert.

Deswegen ist der Urknall nur ein Nebenschauplatz des Anfangs. Man muss bestimmte Experimente machen und Maschinen bauen, Teilchenbeschleuniger z. B., um etwas über diese Art von angeblichem Anfang sagen zu können. Ich will jedoch etwas über den Anfang des Anfangs sagen, und so ist jedes Subjekt also selbst der Anfang, auch wenn seine Wahrheit noch versteckt oder zerstückelt ist wie das ebenso zerstückelte E-N-S-C-I-S-N-O-M, das eben nichts präformiert und so das Subjekt seine Antwort selbst finden lässt.[6] Deswegen habe ich N-O-M-E-N-S-C-I-S oder S-C-I-S-N-O-M-E-N geschrieben, weil dies völlig auf das dem Unbewussten unterstellte Subjekt bezogen ist, das seine Wahrheit aus seiner ihm meist unbewussten Zerstückelung heraus in einem zusammenfassenden, vereinheitlichenden Sinn noch finden muss.

---

[5] Lacan, J., Seminar I, Walter (1986) S. 214
[6] Ich erwähne später die einzelnen Bedeutungen, die heraus zu lesen sind und sich gegenseitig überlappen.

Das Verfahren, um das es in diesem Buch hauptsächlich gehen wird und das ich *Analytische Psychokatharsis* nenne, benutzt genau diese Art des Anfangs. Es verbindet Psychoanalyse und Meditation und ist äußerst einfach zu erlernen Im folgenden Text und speziell im Anhang wird es genau erklärt. Dennoch muss ich in den verschiedenen Kapiteln in essayistischer Form einiges über die Theorie sagen, das auch manchmal komplizierter ausfallen kann. Man muss allerdings nicht alles ganz präzise verstehen, denn der durch die einfache Anwendung erreichte Erfolg kann auch als ein Stück des Beweises gelten. Mit dem E-N-S-C-I-S-N-O-M und anderen sogenannten *Formel-Worten* wird der Anfang des meditativen Teils des Verfahrens gemacht (erste Übung von zweien), indem man diesen Wortlaut rein gedanklich meditiert.[7] Nun noch ein Wort zur Psychoanalyse, mit der die zweite Übung zu tun hat.

Auch die Psychoanalytiker machen mit ihrem Vorgehen einen besonderen Anfang. Sie lassen ihren Adepten, dem Patienten oder Analysanden, den Vortritt, indem diese sagen sollen, was immer ihnen einfällt. Sie sollen ‚frei assoziieren‘, freie Einfälle äußern. Erst dann, wenn der Betreffende nicht mehr redet oder stolpert, geben sie vorsichtig eine Interpretation nach Maßgabe dessen, was sie selbst in solch einer Situation, nämlich in ihrer eigenen Analyse, in ihrer Lehranalyse, gelernt haben. Sie haben zu unterscheiden gelernt, was nur Erzählmaterial ist und was Übertragung ist, nämlich Erzähltes, das aus der Vergangenheit oder aus irrelevanten Beziehungen des Patienten selber stammt und er jedoch auf den Therapeuten ‚überträgt‘. Das

---

[7] Genauere Erklärungen zum *Formel-Wort* später.

ist kein schlechter Ansatz, und er hat auch über hundert Jahre lang gut funktioniert. Trotzdem steckt in der sogenannten ‚Grundregel‘, mit der der Therapeut dem Patienten erst erklärt, dass und wie er ‚frei assoziieren‘ muss, dass er reden muss auch wenn ihm Peinliches oder Blödheiten einfallen, ebenfalls etwas für den Anfang zu Suggestives. Warum kommt man nicht einfach ins Sprechzimmer des Analytikers, sieht sich an, und sagt vielleicht erst einmal gar nichts.[8]

Früher war es tatsächlich oft so, dass Therapeut und Patient sich mehrere Sitzungen lang gar nichts sagten, und das war gar nicht so schlecht. Irgendein Hüsteln, eine unruhige Bewegung oder ein schneller werdender Atem gab irgendwann ja dann doch eine Möglichkeit zu vorläufiger Interpretation oder Frage. Seit einiger Zeit aber bröckelt die Authentizität und Aufrichtigkeit der Psychoanalyse. Das Formulieren einer letztlichen Wahrheit will nicht mehr so gelingen wie noch in den Jahren einige Zeit vor und nach dem Krieg. Das ist schon an den brillanten Veröffentlichungen der ersten Analytiker-Generation zu sehen, während heute nicht mehr Wesentliches zustande kommt. Die Gegebenheiten sind theoretisch ausgezuzelt.

Heutzutage klammert man sich weltweit an eine feste, bürokratische Zeit für die analytische Sitzung, immer mehr werden Rekonstruktionen des gedanklichen Materials, das von den Patienten geäußert wird, in recht intervenierender und künstlicher Form (‚Enactments‘) erstellt, immer mehr

---

[8] Die Anfangs-Meditation eines *Formel-Wortes* ist keine Suggestion, denn die Formulierung hat keinen eindeutigen Sinn. Wie gesagt dazu noch in diesem Kapitel Ausführlicheres.

‚Schulen' begründen eigene, feste Anschauungen, so dass es ein gemeinsames Instrumentarium für die tägliche Arbeit in strenger Weise nicht mehr gibt. Erst vor kurzem erschien in der Zeitschrift PSYCHE ein Artikel von ca. hundert bekannten Psychoanalytikern, die die Krise in ihrer Wissenschaft deutlich zum Ausdruck brachten. Anpassung, Institutionalisierung, biopolitische Kontrolle, Psychiatriesierung und vieles mehr bedrohen Freuds ursprüngliche geniale Öffnung zur Einsicht und Bewusstwerdung, zur Kreativität und Verwirklichung neuer autonomer Lebensformen und zum Anfang des Anfangs.[9]

Beim E N S C I S N O M muss der Leser sich nur hinsetzen und diese Formulierung auf sich wirken lassen, er kann es meditieren, um zu erfahren, dass hier wirklich ein subjekt- und wahrheitsbezogener ‚Anfang' gefunden wird, weil nichts vorgegeben ist. Ich behandelte einmal einen ernsthaft psychisch Erkrankten, der Deutschkurse für Ausländer gab. Auch er erfand einen Weg gegen dieses förmliche, sterile Anfangen. Er nahm z. B. dem Klienten den ‚Mantel' (und sprach dazu das Wort) ab, hängte ihn auf den ‚Haken' und erklärte ihm diesen Vorgang gleich in zwei oder drei weiteren deutschen Worten. Er ließ ihn auf den ‚Sessel' ‚setzen', das ‚Buch' auf den ‚Tisch' ‚legen' und ‚öffnen' usw. Gleich handlungsbezogen in den Dialog einsteigen, sagte er, geht über das Emotionale und Direkte stärker ins Gedächtnis ein als das Lernen in Schulmeistermanier. Wenn der Lehrer erst Erklärungen daher labert, schlafen die ersten Schüler schon wieder ein. Sie fühlen sich nicht

---

[9] Dahmer, H., Kontroverse. Zur gegenwärtigen Situation der Psychoanalyse, PSYCHE 5 (2014) S. 477 - 484

wahrgenommen. Genauso wie der Deutschlehrer für Ausländer möchte ich, dass das Subjekt selbst ohne Vorgaben bei sich selbst anfängt zu wissen und zu sagen, zu was es bestimmt sein möchte und wer es ist.

Am Beginn der Kindheit existiert nur ein vorwiegend bildbezogenes Wahrnehmen, meint Lacan. Es besteht in einem Bildhaften, Imaginären, das schon mal irgendwie wahrgenommen ist und wieder und wieder wahrgenommen werden muss, um ein primäres Gedächtnis zu bilden, das trotz allem nur ein Modellbild, ein Urbild, eine Reminiszenz, ein doppelt Gesehenes darstellt. Anders gesagt: Das Kleinkind nimmt schon reale Bilder wahr, kann sie aber nicht integrieren, nicht systemisch im Gedächtnis ordnen, nicht durch ein Logo festhalten. Man kann es nur so sagen, dass das beginnend Psychische eben zugleich paradox und voll Bedeutung ist.[10] Das Kind wird kaum wahrgenommen und verstrickt sich in seine Selbstwahrnehmung.

Oder doch: da gibt es diese zwei ‚augengleichen Punkte', die der Psychoanalytiker R. Spitz auf einen Karton gemalt hatte und das der Säugling anlächelte. Im Gegensatz zu Freuds Auffassung, dass die Mundregion die erste erogene Zone und damit die Mutterbrust als das sogenannte orale Objekt des Triebs ist, scheint es hier der Blick, scheinen es die Augenblicke zu sein, um den es in erster Linie geht. Der Psychoanalytiker H. Kohut hat diesbezüglich vom „Glanz im Mutterauge" gesprochen, ein erstes Liebäugeln, das dem bewegten, sich wölbenden und wieder schließenden, leuchtenden und wieder sich verdunkelnden, phantas-

---

[10] Lacan, J., Seminar I, Walter (1984) S. 81

matischen Überraum, einen anfänglichen, imaginären, aber nur scheinbaren Halt geben kann. Ist also umgekehrt wie bei Freud der Eros des Auges vor dem des Mundes da? Ist etwas Bildbezogene schon vor dem Wortbezogenen da, oder existieren beide gleichzeitig, kombiniert?

Mit dem Begriff ‚Logo‘ habe ich schon darauf hingewiesen, dass es – speziell hinsichtlich des vorhin bereits erwähnte Freud'sche Unbewussten – ein Wortbezogenes, besser: Wort-Wirkendes, Symbolisches gibt, das nicht weniger einfach zu erklären ist wie das Bildbezogene, Bild-Wirkende, das Imaginäre. So existiert, wenn man nun überhaupt definitiv werden will, ein zweifacher Anfang, ein Bild- und ein Wort-Wirkendeses, ein Es *Strahlt* und ein Es *Spricht*, wenn ich das voreilig schon so sagen darf, weil es kürzer und präziser ist, wie ich noch belegen will. Genau dies steckt auch in E N S C I S N O M, im Klang seiner Buchstaben, in seinem ‚universellen Gemurmel‘ wie Lacan das Verlauten des Unbewussten auch nennt. Aber auch das dürfte ich ja wiederum nicht sagen. Ich müsste doch abwarten, was das Ergebnis der erwähnten Meditation ist und nicht vorausgreifend alles erklären. Ich müsste mir treu bleiben: E N S C I S N O M, nimm es und lass es meditativ wirken.

Nun ist es aber so, dass schon viele Menschen mit diesem und ähnlichen *Formel-Worten* meditieren und bereits Ergebnisse vorliegen, von denen ich ja in diesem Buch einige zitieren will. Meditieren heißt nachsinnen, nicht denken, sondern nach innen gehen und dort verweilen, wie man es eben wohl immer schon ganz früh als Kind versucht hat. Das Kleinkind kann – wie gerade betont - in seiner bildhaf-

ten Wahrnehmung nicht alles gleich und umfassend anerkennen, es muss immer einen Teil negieren, verwerfen (der
Ausdruck ‚verdrängen' wäre hier zu schwach) und neu versuchen eine Einheit mittels des Logos, des Worthaften, zu
finden, sonst bleibt es in der komplexen Verflechtung zwischen dem Bildhaften und dem Realen stecken.[11] Die
Stimme der Mutter beginnt neben ihrem Augenglanz an
Wichtigkeit zu gewinnen.

Die Lösungen, die man für Gott und für Goethe, deren Anfänge ich eingangs erwähnt habe, finden kann, sind nicht
reale Illusionen, sondern symbolische Realitäten, also das
wortbezogene Pendant zum Bildhaft-Realen. Damit bin ich
wieder bei meinem E N S C I S N O M oder wie man es
immer schreiben mag, denn es vereint diese beiden Grundprinzipien. Die Zeichenkette der Buchstaben überlappt sich
also wie es bei den Freud'schen Versprechern auch der Fall
ist. Auch die Versprecher sind Anfänge, in ihnen will sich
die Wahrheit durchsetzen, die verdrängt oder verworfen
worden ist. Denn – so Lacan – die Wahrheit ist die eigentliche Ursache von allem, nicht die Materie und die Gene.
Die Wahrheit als ein unbewusstes Es *Strahlt / Spricht*.

Man kann diese Überlappung, die in der Psychoanalyse generell (besonders hinsichtlich des Wort-Wirkenden) eine
große Rolle spielt, am besten an der Geschichte eines Man-
nes studieren, die Heinrich Heine erzählte. Dieser Mann
wollte nämlich mit seiner Bekanntschaft des reichen Baron
Rothschilds prahlen. Er wollte sagen, dass er mit ihm wie

---

[11] Was Lacan damit ausdrückt, dass er sagt: „Der [bildliche] Re-
flex der Einheit des Körpers ist eine reale Illusion."

„familiär" verbunden sei, sagte aber: „ich bin mit ihm so „famillionär". Die Wahrheit also, dass es doch die Millionen sind, die ihn faszinierten, rutschte ihm so aus dem Unbewussten heraus. Und genauso wie im „famillionär" durch Überlappung der Buchstaben eine Mehrfachbedeutung steckt, nämlich die des Familiären und der Millionen (und somit die Unverblümtheit einer Habgier), so auch in diesem *Formel-Wort* von ENS – CIS – NOM, das jedoch mehrere sinngebende Bedeutung in der Weise enthält, dass man sich auf keine festlegen kann. Vielmehr liegen ihm eben drei oder mehr bild- und wortbezogene Bedeutungen zu Grunde, die völlig disparat und unzusammenhängend sind.

fa mil i är   **Abb.2** Die Vielschichtigkeit dreier Bedeutungen entsprechend ihrer klangbildlichen Struktur unter einander geschrieben.

mil l i on är

fa mil l i on är

Die Abbildung zeigt die bildliche und worthafte Überlappungen der drei verschiedenen Bedeutungen. In dem auf der ersten Seite abgebildeten und kreisförmig geschriebenen *Formel-Wort* kommen – gerade auch wegen der fremdartigen Buchstaben – Bildhaftes, Imaginäres und Worthaftes, Symbolisches viel stärker zum Ausdruck, vor allem, wenn man weiß, dass hinter den meisten Buchstaben Schnittstellen liegen, von denen aus gelesen verschiedene Bedeutungen herauskommen. Aber auch das Bild soll diese Überlappung schon andeuten, die jedoch noch besser in der Form herauskommt, in der das *Formel-Wort* wie unten zu sehen in eine topologische Form, in eine dem geometrisch Realen zugeschriebene Art, beispielsweise in ein Möbius-

band oder in den mehrdimensionalen Raum (Hopf-
Fibration bzw. Calabi-Yau-Raum) geschrieben ist.

 Möbius-
band links
und Calabi-
Yau Raum
rechts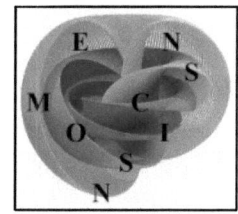

Diese topologisch ineinander geschachtelten Buchstaben-
ebenen werde ich noch ausführlicher behandeln. Vorerst
soll genügen, dass das bild-wirkend Imaginäre und das
wort-wirkend Symbolische in dem Verfahren der *Analytischen Psychokatharsis* sich im menschlichen Psychismus
in derartiger Weise überlappen, verwickeln, verbinden,
kombinieren. Es verhält sich umgekehrt wie bei dem Versprecher im obigen Beispiel, indem die Überlappungen
jetzt konstruktiv, progressiv verwendet werden.

Denn indem das *Formel-Wort* nunmehr meditiert wird, also
rein gedanklich, rein mental wiederholt wird, es aber nur
eine Formulierung zeigt, obwohl ein Mehrfaches an Bedeutungen in dieser Formulierung, in diesem Schrift-Zug des
Formel-Wortes steckt, weckt es das *Unbewusste*. Es verhält
sich rein strukturell also genauso wie in dem oben genannten Beispiel, in dem man familiär, Millionär oder eben
„familiär mit den Millionen" heraushören kann, nur dass
diesmal das Unbewusste selbst die Deutung ausspucken
muss. Denn es ist nun einem derartigen ‚Versprecher'
nachgebildet, der jedoch in Wirklichkeit ein nach Maßgabe
psychoanalytischer Strukturen gebildetes Instrument zur
Weckung des Unbewussten ist. Das Unbewusste wird so

mit seinen eigenen Waffen, mit seiner eigenen Art von Sprache geschlagen.[12]

Auch in ENS – CIS – NOM überlappen sich also die Bedeutungen. Aber lesen wir einmal. Geht man einmal vom M oben links aus, so heißt MENS CIS NO, der Gedanke diesseits, innerhalb von No, vom N ausgehend: NOMEN SCIS, du kennst den Namen, OMEN SCIS N, du kennst das Omen N, CIS NO, MENS, diesseits schwimme ich, oh Geist, ENS CIS NOM, das Ding diesseits von Nom, C IS NOMEN S, hundert dieser Name S, usw. So unsinnig einzelne der Bedeutungen auch sind, sie sind doch grammatikalisch und syntaktisch normal und sogar auch semantisch in Ordnung. Der Sinn dieser Formulierung besteht ja gerade darin, dass sie keinen vordergründigen Sinn schon parat hat, sondern durch die Überlappung überdeterminiert ist und nur das Unbewusste anregt, ja provoziert, torpediert wird, einen Sinn heraus zu geben. Das *Formel-Wort* ist Sprache am Rande des Sprachlichen. Bei ihm ist exakt genau so wie im Unbewussten das Wort mehrdeutig, zwingt aber zur Eindeutigkeit. Im ‚famillionär' hört jeder den eindeutigen Sinn heraus.

Im E.N.S.C.I.S.N.O.M dagegen wird er umgekehrt dem Unbewussten abgepresst. Semantisch, linguistisch, ist die paradoxe, sich überlappende Formulierung des E.N.S.C.I.S.N.O.M allerdings neuartig. Jeder einzelne Ausdruck ist semantisch klar, aber da sie in einer geschlossenen Formulierung geschrieben sind, bleibt der letzte Sinn zuerst ver-

---

[12] Ich komme gleich zu Lacans Satz, dass das Unbewusste strukturiert ist w i e eine Sprache.

borgen. Er muss erst meditativ gefunden werden. Die *Formel-Worte* stellen zwar perfekt diese linguistische Struktur dar, die durch ihre Überlappungen Lüge, Versprecher und Zerredung ausschließen und doch Sprache sind. Sprache am Rande von Sprache wie Tschuang Tse es formuliert hat, aber es eben dadurch gerade kompakt, konkret und bis fast zur Unkenntlichkeit von Sprache hin vereinfacht hat. [13]

Wie in der Psychoanalyse muss der Sinn also erst entschlüsselt werden, jedoch nicht durch einen Therapeuten, sondern mit Hilfe des Unbewussten und des meditativen Verfahrens selbst. Übt man rein gedanklich den Kreis der Buchstaben im *Formel-Wort* mehrmals hintereinander oder übt man mehrere derartiger *Formel-Worte* hintereinander (was zweckmäßiger ist), wird sich ein meditativer Effekt in Form einer Katharsis herstellen; es wird aber auch zu einer verbal formulierten Antwort, linguistischen Entsprechung, aus dem Unbewussten kommen, die ich Identitätsworte (und auch, anders verwendet als beim Computer) *Pass-Worte* nenne.

Das Definitive, das die meditierende Person in seiner Identität Betreffende, muss also das Unbewusste selbst sagen. D. h. ‚Es' (das Subjekt, das Unbewusste) muss den Anfang machen, indem Es die Buchstaben schon vorgekaut hat, die man dann selbst nur noch essen muss wie es in der Offenbarung des Johannes heißt, jetzt jedoch positiv zu verstehen: „Nimm das Buch und iss es auf, es wird im Bauch bit-

---

[13] Der chinesische Philosoph Tschuang Tse sagte: „Ach würde ich doch einen Menschen kennen, der die Sprache vergessen hat, ich hätte endlich jemand, mit dem ich wirklich reden könnte."

ter, aber es wird im Mund süß wie Honig werden"[14] Meditiere es, doch meditieren bedeutet eine kleine Anstrengung, ist ein bisschen bitter, aber die Katharsis, das befreiende Erleben mit dem *Pass-Wort* wird süßer Erfolg sein. Daher schlage ich vor, an Hand der *Formel-Worte* wie dem ENS – CIS – NOM schon eine Meditation auszuüben, die das Unbewusste zwingt, selbst sprechend den Anfang zu machen, das Ganze also nicht nur geschluckt zu haben, sondern es auch als neues, verändertes, wahres Sprechen wieder herauszugeben.

Dieses Sprechen in der Meditation auch richtig zu erfassen, verlangt einige Übung. Aber es ist dann doch so, dass gerade durch die eng, mit bildlich gedrängten, überlappten Buchstaben geführte Provokation des Unbewussten vermittels der *Formel-Worte*, dieses ebenso knappe Äußerungen kundgibt. Im erweiterten Sinne spreche ich von derartig knappen Formulierungen, die an der Grenze des Sprachlichen stehen, aber mit dem Unbewussten zu tun haben, von einem einem Logo, einer Art Epigramm der Identität. Solch ein Logo, *Pass-Wort*, typologische Erfahrung, kann einen lebenslang bestimmen. Freud hatte diesbezüglich vom ‚Triebschicksal' gesprochen. Die Triebe und ihre ‚Objekte' gehen oft lang anhaltende Fixierungen ein, die eben wie ein schicksalshafter Spruch das Leben des Menschen beeinträchtigt. In der psychoanalytischen Therapie kann dieses Schicksalshafte aus der Unbewusstheit herausgearbeitet und neu gedeutet werden, in dem von mir inaugurierten

---

[14] Offenbarung 10, 9, wo zuerst davon gesprochen wird, dass man die Buchstaben essen muss, bis sie den Bauch bitter machen, bevor sie schließlich süß wie Honig werden.

Verfahren der *Analytischen Psychokatharsis* taucht es — nachdem es durch das rein schematische *Formel-Logo* geweckt wurde — spontan als Heils-Logo, *Pass-Wort* im Buchstabenraum des Meditationsvorgangs auf.

Dann äußert es sich so als würde man es wie von ferne oder aus der Tiefe her plötzlich denken, hören oder wie stimmlich erfahren, was ich analog zu den *Formel-Worten* auch *Pass-Worte* oder Identitätsworte genannt habe. Als ich begann diesen Text hier zu schreiben und meditierte, nahm ich Farben von wunderschöner Klarheit wahr, die ich gar nicht sehen wollte. Denn ich suchte ja einen gescheiteren Anfang als alle anderen Wissenschaftler, Philosophen, Psychoanalytiker usw. bisher gefunden haben. Ich konzentrierte mich auf das innere ‚Gemurmel‘, auf den ‚Klang‘ des Unbewussten und wollte schon aufgeben, da vernahm ich in der Meditation plötzlich die Formulierung „inter – hot". „inter-hot"? Seltsam, was soll das heißen?

2. ‚inter-hot‘

War es ein eigener oder fremder Gedanke? Egal, er war klar erfahrbar und sicher einer, der von Unbewussten in eben dieser konkreten, durch die gedanklich wiederholten *Formel-Worte* angestoßenen Weise zustande kam. Ich dachte sofort an ‚Interpol‘, ‚Internet‘, an ‚hot-spot‘ und natürlich auch an das von Psychoanalytikern wahrscheinlich favorisierte Heiße (‚hot‘) eines zwischen (‚inter‘) den Menschen stattfindenden Beziehungsgeschehens. Damit meine ich eine Bedeutung, die in Richtung des englischen Wortes ‚inter-course‘ geht, das neben anderen Bedeutungen ja oft oder manchmal sogar ausschließlich im Sinne von ‚sexual inter-course‘, ‚sexueller Verkehr‘, benutzt wird. Es ist sicher etwas dran, dass mit dem „inter-hot" auch derartiges gemeint war.

Dafür gibt es mindestens zwei Gründe. Erstens bin ich jetzt beim Schreiben dieses Buches bereits in meinem achtundsiebzigsten Lebensjahr. Es ist bekannt, dass mit zunehmendem Alter die Sache mit dem ‚inter-course‘ Probleme machen kann. Man ist nicht mehr so überzeugt davon, selbst wenn die Physiologie noch funktioniert. Zweitens aber verhält es sich auch so, dass ich seit vierzig Jahren die Seminare von Lacan lese, in denen auf jeder dritten Seite steht, dass der ‚sexual inter-course‘ gar nicht existiert. Für Lacan hat nur all das ein wirkliches Sein, was man auch sprachlich, symbolisch und echt ausdrücken kann, und vom Sex, so viel man auch darüber redet, kann man nichts Definitives, nicht ganz Bestimmtes oder gar Logisches sagen und erfahren. Er kann geschehen und man kann auch darüber

reden, aber nichts davon sagen, was das Geschlechtsverhältnis überhaupt ist, was es ausmacht, was es heißt. Nicht
zuletzt aus diesem Grund hatten die alten Griechen gar kein
Wort für Sex. Während die Psychoanalyse eine ‚logische
Praxis‘ ist (ein Ausdruck, der den ihr oft abgesprochenen
Wissenschaftsanspruch ersetzen soll), ist der Sex pure Praxis ohne Logik - jedenfalls weitgehend.[15]

Ich bin also vom ‚inter-course‘ nicht mehr so überzeugt wie
früher. Schon Freud meinte, dass das Sexuelle stark über-
bewertet wird und Lacan setzt dem hinzu, der direkte sexuelle Akt sei eine Freud'sche Fehlleistung und gehe ohnehin
mehr oder weniger immer daneben. Er sei eine Scheinbeziehung, die zwar hell scheint, strahlt, aber eben eine Beziehung nur dem Anschein nach ist. Eine echte, klare, wahre und definitive Aussage hat noch niemand davon gemacht. Dies ist auch unter Schriftstellern bekannt, die sich
immer wieder daran versuchen, den Akt zu beschreiben,
wozu es schon Preise für die kuriosesten Schilderungen
und Mondkalbereien auf diesem Gebiet gegeben hat. Man
kann das Tun beschreiben, das Drumherum, das Ontische,
aber nicht das Wahre. Man kann Filme davon anschauen,
aber nichts enthüllen, was es mit dem Geschehen zwischen
den Geschlechtern in Wahrheit auf sich hat. Es geht um ein
Erleben, das einfach nicht voll verifizierbar ist.

Weil es das vielleicht auch nicht sein muss, hat der französische Philosoph J. Nancy ein Buch veröffentlicht, das die

---

[15] Heutzutage wird er ja – dank der Reproduktionsmediziner –
nicht einmal mehr zur Zeugung unserer Kinder benötigt, was ihm
noch eine gewisse Logik verschafft hatte.

Lacansche These zu konterkarieren schien.[16] Der Text bezieht sich bei Nancy deutlich nur auf das Gegebene, das „Ex-sistieren" in der sexuellen Beziehung. Nancy stellt ganz besonders das „Verhältnis" und nicht den Sex als ‚Exsistierendes' bzw. als ein eigenständiges Wesen heraus.[17] Was wirklich gilt, schreibt er, ist der „Intimitäts-Zwischenraum", in dem es um ein „Verhältnis zum Verhältnis geht", das nicht „ein Seiendes ist, sondern das sich zwischen dem Seienden ereignet", schreibt Nancy in typisch abstrakter, philosophischer Manier. Das Sexuelle, schreibt er weiter, sei seine eigene Differenz, es ist ein „Eins-Nichts", was heißen soll, dass man eigentlich nur wetten kann, ob es existiert oder nicht. Der ‚inter-course' bleibt einfach ein Zwischenvorgang und sonst lässt sich nichts weiter damit anfangen. Und so sagt Nancy auch: diesen seinen Text lesen heißt, ihm bei seiner Art Sex zu haben zuzuschauen. Sein Schreiben ist seine eigentliche Lust.

So trifft sich Nancy dann doch noch mit Lacan, der meinte, wahren Sex gäbe es nur vom bewussten Ich zu einem ganz und total unbewussten *Anderen* in einem selbst, von sich also zu diesem „Schatzhaus der *Signifikanten*",[18] der auch

---

[16] Nancy, J., Es gibt – Geschlechtsverkehr, diaphanes (2012)

[17] Der Begriff der „Ex-sistenz" kommt von Lacan und meint, dass etwas von außen (Ex) her sein Bestehen (sistere) verursacht. Insofern hat Lacan – um zu zeigen, dass das „Es gibt" vom „Sexuellen" zumindest etwas getrennt ist, einen Gedankenstrich dazwischen gesetzt.

[18] Was ein *Signifikant* ist, lässt sich schwer sagen, da er ja selber das Aussagende ist, das Bezeichnende, die Bedeutungseinheit. Und so verhält es sich auch mit dem *Anderen*, dem unbewusst sich in einem Artikulierenden. Weitere Erklärungen dazu später.

Hort der Lustworte ist, der Eros Vokabeln, der Bedeutungsmacher, kurz: dem Zentrum des Bild-Wort-
Wirkenden. Denn das eignet sich natürlich viel mehr dazu,
ein echt erotisches Verhältnis zu kreieren. Weil der wahre
Sex eben da abgeht, wo er scheinbar ist, d. h. da, wo nur
Geschlechtsverkehr ist, gibt es kein wirkliches Verhältnis
der Geschlechter, das irgendwie *signifikant* wäre, wahr leb-
bar, wahr aussagbar, real symbolisierbar und auf den Punkt
gebracht.

Der übliche und schlichte Sex sei eben ein Patt, ein Patzer
oder einfach nur ein Symptom.[19] Der Mann würde immer
am Höhepunkt seiner Angst ejakulieren und so einen Lap-
sus, einen ‚Schnitzer‘ produzieren. Im Rausch des Höhe-
punktes gibt es ein Danebengehen, eine Hilflosigkeit, d. h.
ein Nicht-Wissen wie es hätte weitergehen sollen. Die Frau
mit dem ihr eigenen Genießen – so Lacans Auffassung –
bleibt dabei immer auf der Strecke. Er gibt allerdings zu
bedenken, dass die Frau das ganz speziell ihr Eigene zu gering schätzt oder gar nicht kennt, und so eben auf die
männliche Art zurückgreift, was somit auch von dieser Seite her den Akt misslingen lässt.

Das ist nun wirklich alles recht ‚heiß‘, und so etwas ‚Hei-
ßes‘ wie bei Nancys Schreibe-Lust gibt es auch bei mir, ja
es ist vielleicht noch heißer, denn während Nancy seine
Bücher gut verkauft, ist bei mir das Gegenteil der Fall.
Meine Bücher, die ich seit dreißig Jahren schreibe und in
denen es auch um die Beziehung der Menschen untereinander geht, werden nur wenig gelesen, obwohl sie – meine

---

[19] Lacan, J., Seminar XXIII, Lacan Archiv, S. 110, 111 und 142

ich – wissenschaftlich durchdacht sind und die Erfindung der *Formel-Worte* und anderer Begriffe im Bereich der Meditation zum Inhalt haben. Trotzdem geht nichts Richtiges vorwärts. Mir bleiben nicht mehr allzu viele Jahre, und deswegen ist die Sache jetzt doch ziemlich pressant geworden. Wirklich, es ist „inter – hot".

Es verhält sich zudem so, dass mein Verfahren der *Analytischen Psychokatharsis* das psychoanalytische Vorgehen mit Meditation verbindet, und die praktische Seite sehr vereinfacht ohne etwas vom Wissenschafts-Anspruch der Psychoanalyse zu verlieren und die Meditation zu schwächen. Hier wie dort steht das Unbewusste im Vordergrund, von dem ich ja gerade oben erwähnt habe, dass es ,wie eine Sprache aufgebaut ist'. Dem korreliert in der klassischen Psychoanalyse das ,freie Assoziieren' der Patienten, indem diese zwar sprechen, sich aber möglichst inkohärent ausdrücken sollen, damit dieses ,Wie-Eine-Sprache', dieses rein Strukturelle zum Zug kommt. Man hat nichts davon, wenn der Patient ganz logisch geordnet all das erzählt, was ihm bewusst ist. Es ist vielmehr gut, wenn er einen Patzer macht, den man dann – etwas süffisant gesagt – mit dem vorhin genannten Patzer vergleichen kann.

Von dem was dem Patienten unbewusst ist, kann er allerdings auch nur schwer etwas sagen, also sollte er am besten so reden, wie es mein E-N-S-C-I-S-N-O-M auch tut, nämlich nur scheinbar chiffriert, aber doch entzifferbar. In der Realität verhält es sich aber so, dass niemand so völlig ,frei assoziieren' kann, wie es gewünscht wäre. Er müsste praktisch ,unter-sich-reden' wie es mein Lehranalytiker O. Graf Wittgenstein einmal ausgedrückt hat. Es müsste so reden, wie die Blätter vom Baum fallen, fast wie in Trance. Der Psychoanalytiker wiederum ist darauf angewiesen, durch sein – wie es Freud nannte – ‚gleichschwebend aufmerksames' Zuhören zu erraten, was hinter diesen, sogenannten ‚freien Assoziationen' steckt. Die beiden in Anführungszeichen stehenden Begriffe zeigen, dass in der Psychoanalyse sehr viel Meditatives steckt, denn eine ‚gleichschwebende Aufmerksamkeit' erinnert ebenfalls eine leichte Art der Trance.

Das alles ist in meiner Meditationsmethode nur anders geartet, da man sich hier ja direkt an das Unbewusste wendet und es selbst zum Sprechen zu bringen versucht, indem es auch das Bild-Wirkende betont. Dabei helfen die beiden Grundelemente oder Triebe, das Bild-Wirkende und das Wort-Wirkende, indem sie sich in ihrer Kombination zur Reife und psychischer Festigkeit steigern. ENS-CIS-NOM und „inter-hot" könnte man Kombinationen dieser beiden Grundelemente nennen. Sie sind wie Epigramme, Schicksalsrunen und ‚ultrareduzierte Phrasen' (Lacan), die im Unbewussten eine wesentliche Rolle spielen. So bringen sie die Wissenschaftlichkeit und Sicherheit in das Verfahren. In mehreren meiner Bücher habe ich darauf hingewiesen, dass Lacan Freuds Grundtriebe, den Eros-Lebenstrieb und den Todestrieb, umformuliert hat zum Wahrnehmungstrieb (Schautrieb, Bild-Wirkendes, Es *Strahlt*) und Entäußerungstrieb (Sprechtrieb, Wort-Wirkendes, Es *Spricht*).

Diese Triebe oder Grundelemente, können nicht analysiert werden, denn sie sind laut Freud ‚konstante Kräfte', nicht weiter reduzierbar oder auflösungsfähig. Aber da sie ja irgendwie kombiniert sein müssen (Freud sprach von ‚legiert', zusammengefügt), wirken sie – wie schon erwähnt – wie ein Spruchband, wie ein Schicksalslogo, wie ein Epigramm der Identität, das einem von Anfang an mitgegeben worden ist (daher meine Betonung des Anfangs), wenn auch zuerst infantil oder gar schlecht kombiniert. Durch das Übungsverfahren der *Analytischen Psychokatharsis* und deren genauso aufgebauten *Formel-Worte* kann die Kombination der Kräfte direkt erfahren, erneuert und verbessert werden. Und sie lauten auch so ähnlich wie der Satz von den ‚colorless ideas. .‘, nämlich manchmal scheinbar unverständlich, aber umso voller von verstecktem Sinn.

So sehr der Patient oder Klient in der Psychoanalyse mit seinem Reden den Anfang macht (Grundformel hin oder her), so sehr ist dieser Anfang auch theoretisiert durch das, was Freud die ‚Ur-Verdrängung‘ nannte. Damit wollte er sagen, dass es sich um nichts Materielles oder Geistiges, auch nicht um etwas ‚Ontisches‘, wie Theologen und Philosophen gerne sagen, sondern um etwas *Signifikantes* handelt, sozusagen um ein erstes ‚Nein‘, um ein ‚Gegen‘, das so unerträglich ist, dass man es verdrängen oder verwerfen musste hin zu diesem *Anderen* als einer seelisch unbewussten Instanz, mit dem man sich dann ein Leben lang abmühen muss. Denn Er ist Gegenpart, ein Negativling, ein Störer, der wie ein Schicksalslogo wirkt, obwohl Er/Es mit dem, was man früher unter Schicksal verstand, gar nichts zu tun hat. Aber er ist auch ein Dialogpartner, der die unbewussten ‚ultrareduzierten Phrasen‘, die man ich sich hat, zurückwirft.

Diese epigrammatischen Identitätsformeln der *Pass-Worte*, die manchmal wie eingerollt in uns teils enthüllend, teil

versteckt kreativ arbeiten und wofür „inter-hot" ein Beispiel ist, haben mit unserer Identität zu tun und sind doch –
wie die Gene in der Doppelhelix der DNA – Schriftzei-
chen, die abgelesen, verdrängt, zerstückelt, neu zusammen-
gesetzt oder ganz neu geschrieben werden können. Sowohl
Formel- wie *Pass-Worte* sind gleich-strukturiert wie das
Unbewusste, in dem eben genauso die Worte zerteilt sind,
die *Signifikanten* überlappt sind, die „aufgeschlüsselt jeweils eine neue Bedeutung annehmen können."[20]

Bei den *Pass-Worten* wie dem ‚inter-hot' erstaunt zuerst
einmal die Kreativität des Unbewussten, das doch nur
der/das *Andere* unserer eigenen Psyche ist, und doch so
scheinbar phantasiereiche Aussagen zustande bringt. Das
‚missing link' zwischen *Formel-* und *Pass-Worten* besteht
in dem, was Lacan den „linguistischen Kristall" nennt, also
etwas das *Spricht* (linguistisch gefasst) und *Strahlt* (topologisch, geometrisch gefasst). Was bei den *Formel-Worten*
die klang-lautliche Überschneidungen sind, also ein fach-
lich erstellter ‚linguistischer Kristall', sind bei den *Pass-
Worten* ähnliche Überschneidungen, die jedoch durch den
‚linguistischen Kristall' selbst kreativ erzeugt wurden.

In der klassischen Psychoanalyse wird diese Neuerung,
nämlich die kreative Seite des Unbewussten, zu wenig genutzt, da man diese Seite des Unbewussten nicht berücksichtigt. Darauf hat insbesondere der Psychoanalytiker S.
Leikert hingewiesen. Er legte den Schwerpunkt auf das

---

[20] Ich zitiere hier nochmals diesen Satz Lacans aus dem Buch
‚Struktur, Andersheit . . .' August Verlag (2015) S. 14, da er sehr
gut das Wesen der *Formel-Worte* wiedergibt und auch zeigt, wie
die *Pass-Worte* zustande kommen.

„rhythmisch Kreative" und nicht so sehr auf das „lexika-
lisch Sprachliche".[21] Dieses Rhythmische und Kreative
fördert auch den mehr finalen Aspekt des Unbewussten,
das in der klassischen Psychoanalyse nur vom Kausalen her
gesehen wird. Man hat das Finale, das Zukunftsweisende,
immer vom Mythos der Antike her als zu spekulativ verstanden, wo z. B. Träume Prophezeiungen sein konnten.
Aber kann man dies heute nicht neu und konstruktiv erfassen? Ich verweise nochmals auf die *Pass-Worte*, die in diese Richtung wirken können, wozu ich hier noch ein Beispiel geben will.

Jemand der unbewusst einen Widerstand gegen mein Verfahren der *Analytischen Psychokatharsis* hatte, aber bereits
einige Zeit damit arbeitete, vernahm plötzlich wie aus der
Tiefe oder wie von fern herkommend den „ultrareduzierten
Satz": „Entgegen den Landesgesetzen arbeiten". Natürlich
wusste er gleich, dass es nicht um die Gesetze seines Bun-
deslandes oder gar des Staates ging. Es ging vielmehr nur
um eine Metapher, die der Betreffende selbst sehr bald –
etwas schuldbewusst – so deutete: „Ich arbeite gegen irgendetwas in mir selbst, das ich nicht hochkommen lasse."
Aber indem er es mir erzählte, hatte es sicher auch etwas
mit unserer Beziehung zu tun. Ich wies ihn darauf hin, dass
es in der Psychoanalyse den sogenannten klassischen Widerstand gegen die Aufdeckung einer Wahrheit aus dem
Unbewussten gibt. Könnte somit nicht sein, dass er auch
‚gegen die Gesetze der *Analytischen Psychokatharsis* arbeiten' würde, fragte ich ihn?

---

[21] Leikert, S., Das kinästhetische Unbewusste, Sonderheft PSY-
CHE, Sept./Okt. 2013

Er wollte, so sagte er, die Meditation zwar unbedingt machen, monierte aber, dass mein Verfahren noch nicht so allgemein und offiziell bekannter Natur gewesen sei, so dass es ihm schwergefallen sei, damit zu arbeiten. Die Meditation sollte aber einen modernen Anstrich haben, und so hätte ihm die Wissenschaftlichkeit der *Analytischen Psychokatharsis* sehr gepasst, wenn auch das mit den *Formel-Worten* ihm nicht ganz geheuer sei. Freilich spürte er auch – vor allem nach diesem Satz aus dem Unbewussten – dass es auch um den Widerstand gegen die Aufdeckung des Verdrängten gegangen sei. Im weiteren Verlauf kam heraus, dass der eigentliche Grund noch ein anderer war. Der Proband hatte nämlich auch gleichzeitig an Vipassana-Meditationen teilgenommen, und jetzt kam alles ein bisschen durcheinander: Wissenschaft, asiatischer Mythos, Meditation, psychoanalytischer Hintergrund, Zen-Buddhismus, etc.

Schließlich war er aber dann doch beeindruckt, von der linguistisch ausgefeilten Methode der *Analytischen Psychokatharsis* und dem erstaunlichen *Pass-Wort* gewesen und gab die Vipassana Übungen auf. Bei diesen fanden sich nämlich auch besonders empfindungsorientierte Übungen wie man sie aus jeder Art von Mystik bekannt sind wie etwa Einheitserlebnisse, die man jedoch auf die Natur Buddhas zurückführen musste, und dieser Hintergrund passte ihm eben auch nicht. Es leuchtete ihm ein, dass man nicht zwei Verfahren, auch wenn sie manche Ähnlichkeiten haben, nebeneinander her praktizieren kann. Zwei Herren gleichzeitig zu dienen ist ‚entgegen den Landesgesetzen', so deutete er dann selbst das erfahrene *Pass-Wort*. Um es in der psychoanalytischen Sprache unter Verwendung der Ödipus-Metapher auszudrücken: die beiden Herren, denen man nicht zugleich dienen kann, war er als Sohn und ich als Vater. Doch nach der Erfahrung dieses *Pass-Wortes* und dieser erweiternden Deutung war seine Entscheidung zur *Analytischen Psychokatharsis* gefestigt.

Denn er bestätigte auch, dass dieses Wahrnehmen einer solchen „ultrareduzierten Phrase" aus dem eigenen Inneren viel eindrucksvoller ist, als wenn einem der Meditationslehrer äußerliche Erfolge bestätigt. Selbst wenn man wirklich Fortschritte in einem der üblichen Meditationsverfahren macht, ist die innerlich Verlautung, Mahnung, Bestätigung durch unbewusste eigene Gedanken effektvoller. Ich will im Folgenden – also in anderen Kapiteln – noch zwei weitere Beispiele bringen, um diesen Vorgang der *Pass-Wort* Bildung noch besser zu erklären. Denn sie sind neben den Formel-Worten die entscheidenden Instrumente der Selbstpraxis, Selbsttherapie, Selbsterfahrung.

Eigentlich müsste ich spätestens hier und jetzt definitiv aufhören müssen weiter zu schreiben, denn mehr kann ich nicht sagen, als dass man mit E N S C I S N O M und anderen *Formel-Worten* (am besten bis zu vier oder fünf) meditierend anfangen und jeder von exakt dort aus mit seinem eigenen Sprechen weitergehen kann und sollte. Denn niemand kann einem anderen in Gänze alles mit der üblichen verbalen Kommunikation mitteilen, in der sich Lüge und Wahrheit nie ganz sicher unterscheiden lassen. Wie H. Weinrich in seinem Buch ‚Linguistik der Lüge‘ schrieb, sah ‚Augustinus eine Lüge als gegeben an, wenn eine Täuschungsabsicht hinter dem Lügensatz steht." Ich dürfte also mit meinen Hinweisen auf die Finalität des Unbewussten und gar den Wirkungen meiner Methode auf die Physis nicht weitermachen.

„Die Linguistik sieht jedoch demgegenüber eine Lüge als gegeben an, wenn hinter dem (gesagten) Lügensatz ein (ungesagter) Wahrheitssatz steht, der von jenem kontradiktorisch . . . abweicht. Nicht duplex cogitatio [zweifaches Denken], wie Augustinus sagt, sondern duplex oratio [zweifaches Sagen] ist dann das Signum der Lüge."[22] Diese Argumentation ist fast richtig, aber zugleich recht abstrakt. In der Realität des Alltags ist die Bemerkung ‚Am Anfang war . . .‘ nicht durch die Linguistik hinsichtlich ihres Wahrheitsgehaltes klar unterscheidbar. Deswegen haben die Psychoanalytiker die Lüge zum Garanten der Wahrheit gemacht. Sie haben die Kontradiktion von Lüge- und Wahrheitssatz noch verschärft und zum Angelpunkt ihrer Wissenschaft gemacht.

Ich habe bereits geschildert, wie dies funktioniert und gebe noch ein weiteres Beispiel: wenn der Patient in der analytischen Sitzung sich über die Deutung seines Analytikers erbost, dass der Omnibus im Traum, der ihn fast umgefahren hätte, die Mutter war, und empört und erregt protestierend sagt: ‚Nein, die Mutter war es nicht, niemals!‘, weiß der Therapeut jetzt ganz genau, dass es eben doch die Mutter gewesen ist. Warum sollte der Patient so erregt sein? Noch dazu, nachdem er schon vorher einmal berichtet hat, dass das Summen von Omnibusreifen auf glattem Asphalt ein

---

[22] Weinrich, H., Linguistik der Lüge, C. H. Beck-Verlag (2000) S. 41

angenehm ‚durchrieselndes' Gefühl in ihm erzeuge,[23] was ihn auch an die Gegenwart seiner Mutter beim ‚Gute-Nacht-Sagen' erinnere. Also war der Omnibus im Traum doch die Mutter. Es müsste jedoch der Patient selber sein, der diesen seinen Lügensatz nun durch den ihm innewohnenden Wahrheitssatz ersetzt. Tut er das nicht, muss der Analytiker weiter ausreichend daran arbeiten, die Widerstände seines Patienten zu überwinden, was lange dauern kann.

Deswegen lasse ich den an meinem Verfahren Interessierten gleich zu Anfang ENSCISNOM meditieren, denn in diesem *Formel-Wort* sind Lüge und Wahrheit so eng vermischt, dass der Meditierende eine darüber hinausgehende Lösung finden muss: die einer klaren Übertragungsdeutung. Wie erwähnt heißt Übertragung, Bedeutungen aus vergangenen oder anders inadäquaten Beziehungen unbewusst auf den Psychoanalytiker zu transferieren, deren Relevanz dieser dann deuten muss. Eine derartige Deutung oder Interpretation hat also eine Drehung um das erzählte, ‚frei assoziierte' Material um den Therapeuten herum gemacht, und schließlich noch eine Drehung um die auf diese Weise veränderte Bedeutung, die aus der Lüge die hinter ihr liegende Wahrheit herausgeholt hat. Wenn der Patient dies auch noch akzeptieren und in sich integrieren kann, schließt diese dritte Drehung das Ganze ab.

---

[23] Diese Erfahrung des ‚Durchrieselns' oder Kribbelns werde ich später als eine atavistische (aus früheren Entwicklungsstufen des Menschen stammende) kathartische Erfahrung beschreiben und erklären.

Genau eine solche Drei- oder Mehrfachwendung passiert auch in der Meditation mit den *Formel-Worten*, wodurch der Übende seiner Selbstlüge von sich aus auf die Schliche kommen kann. Er muss gleich am Anfang den Widerstand gegen die *Formel-Worte* überwinden, sodann sich dem Nichts, dem anfänglichen Dunkel vor einem aussetzen, was nicht schwer fällt. Denn während man in den üblichen Meditationen das Denken abstellen muss, kann man in der Analytischen Psychokatharsis die *Formel-Worte* denken, bis sie einen kathartisch ‚gleichschwebend‘ zum inneren Hören hinüber geleiten. Als Drittes krönen die Pass-Worte das Vorgehen, die der Übende noch ein bisschen analytisch nachbesser kann, wenn es nötig ist. Meistens ist der Sinn sofort klar und hilfreich, weil schon allein das ‚Hören‘ eines eigenen unbewussten Gedankens einen Höhepunkt darstellt.

Um es nochmals anders zu definieren: Der Psychoanalytiker repräsentiert genau diesen/dieses *Andere(n)* dadurch, dass sein Schweigen, sein schweigendes Zuhören, den Tod widerspiegelt. Und selbst wenn er spricht – so Lacan – muss er „mit der Stimme eines Toten reden", wodurch exakt dieses Jenseits, dieses(r) *Andere*, Fremde und doch gleichermaßen Begehrende und mit einem selbst Identische entsteht, in dem jeder sich wiederfinden und zur Wahrheit gelangen kann. Denn „l'Autre est témoin de la vérité", Er/Es ist Zeuge der Wahrheit, die so wichtig ist, weil die Naturwissenschaften sie verleugnen und die Geisteswissenschaften sie nur abstrakt, theoretisch vermitteln können. Aber die Wahrheit ist immer die je-meinige, und sie ist wichtig, indem sie in mir selbst als Kombination der *Signifikanten* entsteht. Der Mensch existiert geradezu darin, dass

er zwischen zwei oder drei dieser *Signifikanten* einge-
zwängt ist (er ist dieses Subjekt, das ein *Signifikant* für einen anderen *Signifikanten* repräsentiert, wie Lacan kryp-
tisch sagt).

Kurzgefasst: In diesem Buch will ich die *Analytische
Psychokatharsis*, die ich eine Psychoanalyse ‚anders herum' nenne, mehr in essayartiger Form vermitteln. In allen
Beiträgen soll das *Formel-Wort*, das Bild-Wortbezogene
oder auch ‚Verschränkte', das Schicksalslogo (diese für jeden einzelnen typische Signifikanten Kombination) im Mittelpunkt stehen. Und es soll somit darauf hinauslaufen –
angeregt durch die Beschreibungen dieser letztlich gleich-
bedeutenden Begriffe – vermittels eigener Übungen Katharsis (Befreiung, Entspannung) und Selbstanalyse in
Form der *Pass-Worte* zu erreichen.

Um noch ein klein wenig Lacansche Psychoanalyse zu erklären: Das Wort-Wirkende, den Sprechtrieb, kann man gut
mit dem *Signifikanten* 1 (kurz: S_1) bezeichnen. S_1 resultiert
oft als Macht- oder Befehlswort, also im Ton des ‚Herren-
diskurses' wie ihn ideal der Gott des Alten Testaments
verwirklicht hat, indem er sagte: ‚Ich bin der ich bin' – fertig! Ich bin selbst Name und Benannter. Ihm gegenüber
steht das Bild-Wirkende, der Schautrieb, *Signifikant* nicht
der Macht, sondern des Wissens, S_2. Es handelt sich um
den Diskurs des Gelehrten (bei Freud waren es die neurotischen Frauen, weil sie ihm die Psychoanalyse lehrten), die
im Elfenbeinturm oder im stillen Kämmerlein ihres Wissens sitzen. Lacan fasst also das ‚Wort' so auf, dass es
Spricht, auch wenn es nichts sagt, und das Bild, dass es
Strahlt, auch wenn es sein Wissen nicht leicht preisgibt.

Ich vereinfache nun meine vielleicht doch etwas zu krummen Sätze, indem ich mich dem Universum zuwende, dem *Strahlt* in Form der Sterne, der Elementarteilchen und deren Kräfte, und dies dem *Spricht* der Gravitation, der Schwerkraftwellen, gegenüberstelle. Denn damit wird alles einleuchtender und ich kann erneut einen Anfang machen und das Zukunftsweisende des Unbewussten und die Wirkung auf die Physis des Menschen plausibler darstellen. Damit gebe ich dem Bild-Wirkenden, dem Es *Strahlt* von etwas Ikonischem den Vorzug, um ein Gegengewicht gegenüber dem von der Psychoanalyse favorisierten Wort-Wirkenden, dem Es *Spricht* zu erstellen. Erst eine gelungene, gute, reife Kombination beiden wir die endgültige Lösung sein.

3. Der „*Andere* der Sterne"

In dem berühmten Bild E. Munchs ‚Der Schrei' fängt die über der Beziehung der gezeigten Figuren liegende Stille laut zu werden und zu schreien an. Es handelt sich um ein bekanntes Phänomen, nämlich dass die Stille, die sehr, sehr lange dauert, zu murmeln, zu raunen und im Grenzfall, wenn sie bis zum Gehtnichtmehr überlang geworden ist, sogar zu dröhnen anfängt. Doch soweit muss man es ja nicht kommen lassen. Ich meditiere schon lange, was ja heißt, sich der Stille hinzugeben. Es ist nichts Besonderes, den Ton, den ‚Klangstrom' oder etwas ähnlich Hörbares trägt jeder in sich.[24] Es ist etwas Vertikales, als sei man im Ton gelotet, gegradet, nach oben, unten und unten, oben. Daraus wird kein Schrei, sondern das geschilderte und noch weiter zu erörternde *Pass-Wort*.

Was diese Art eines inneren Verlautens angeht, mag ein Artikel des Wissenschaftsredakteurs S. Schramm erhellen, den er mit der Überschrift „Der Klang des Nichts" versah.[25] Er berichtete über Experimente eines Akustik-Technikers, in dessen absolut schalldichten und auch schallschluckenden Raum man schon nach kurzer Zeit alle möglichen Töne und Laute wahrnimmt oder zu hören vermeint. Mit anderen Worten: diese künstlich verstärkte extreme Stille fängt schon nach kurzer Zeit an recht laut zu werden, wie alle

---

[24] Ich beziehe mich hier darauf, dass Lacan das Unbewusste auch ein ‚universales Gemurmel' nennt, etwas, das bewusst nicht umgesetzt und klarer ausgedrückt werden kann und so wohl schon seit Gezeiten in den Menschen nachklingt.

[25] Schramm, S., Der Klang des Nichts, SZ vom 7. 11. 2016, S. R7

Testpersonen des erwähnten Experimentators übereinstimmend bestätigten.

Genau damit offenbart sich das Sprech-Hör-System, das Wort-Wirkende, das man im Alltag nicht wahrnimmt und das die Psychoanalytiker als den einen Teil des Unbewussten bezeichnen, eben das vorhin erwähnte Es Verlautet, Es *Spricht*. In dem Moment, in dem man sich dem ganz hingibt, kommt auch das Bild-Wirkende zum Zug, denn es nimmt die Form eines musikalischen Stroms an, einer Pythagoreischen Harmonie. Für den Psychoanalytiker haben diese Phänomene in erster Linie nichts mit neurologischen Vorgängen im Gehirn zu tun. Sie treten vielmehr in einem als unbewusst bezeichneten eigenen Bereich eines primären Genießens körpernaher, aber seelisch strukturierter Prozesse auf. Doch egal wie man dies jetzt exakt benennen will, der „Klang des Nichts" weist schon durch seine Worte auf die besondere Tiefe und Exklusivität dieses ‚Verlautens' hin, das zu einer Wahrnehmungslust der Harmonien führt.

Von außen her verlautet Nichts, und doch klingt etwas oder jemand, hier *Spricht* Es, das Unbewusste oder das Subjekt selbst, der/das *Andere*. Es geht dabei nicht um ein mystisches Geschehen, sondern um die Kraft des ‚Triebs' in seiner Primärform, die zur Entäußerung drängt. Die Entäußerung kann durch Bewegungen vermittelt werden, aber beim Menschen steht die Art im Vordergrund, die das Sprechen darstellt, das Sich-Äußern durch Laute und Vokabeln, durch Rufe und ganze Sätze. Aber der *Andere* ist auch Spiegel der Wahrheit, wie Lacan anmerkt, was ich sogleich mit dem Begriff der ‚Bilder im Dunkeln' erläutern will, die

– weil sie ja nichts Erkennbares zeigen – Blicke sind, Spiegelblicke, die Bedeutsames, Wahrheitsnahes verraten.

Wenn man meditiert und länger auf diesen „Klang des Nichts" lauscht, bekommt er eben den Charakter von etwas, das scheinbar gehört werden will, das sich bemerkbar machen und etwas sagen will. Es drängt sich etwas auf, die meistens die eigenen, unbedeutenden Gedanken, sinnlose Phantasien, aber auch die so wichtigen *Pass-* und Identitäts-*Worte* enthält. In dem Moment, in dem man gedanklich die *Formel-Worte* (solche wie ENS - CIS – NOM und andere) wiederholt, beruhigt sich das Überhaspeln der Gedanken. Das Dunkel lichtet sich und manchmal tauchen luzide Punkte auf, die wie Sterne wirken, doch sie haben nichts mit den Sternen draußen zu tun. Es sind welche im Inneren – oder doch nicht? Innen-außen, Außen-innen, oder sind es ‚Lichtpunkte', die das Gehirn erzeugt? Es scheint so, als wären sie ‚inter', dazwischen.

Was also für das Akustische gilt, hat im Optischen sein Korrelat in den Bildern und Blicken des unbewusst *Anderen*. Der Psychologe R. Karsten berichtet von Untersuchungen an Probanden, die lange Zeit im völligen Dunkel ausharren mussten. Schon bald stellten sich Bilder und unbewusste Erinnerungen ein, die hell und farbig waren, also vom Unbewussten selbst erzeugt worden sind.[26] Dass man also ‚hört' und ‚sieht', wenn man sich in sich selbst zurückzieht und monoton etwas wiederholt, das keinen Sinn hat und dessen wissenschaftliche Struktur ich noch be-

---

[26] Kasten, E., Bilder im Dunkeln, Geist und Psyche, Spektrum-Verlag, November 2011

schreiben werde, ist kein besonderes und auffälliges Phänomen. Man muss es jedoch intensiv ein- und abgrenzen
von ähnlichen Methoden, die in diese Strukturen unnöti-
gerweise viel zu weit hineingehen, wie es etwa bei den frühen Mystikern und auch heute noch bei Esoterikern und
Personen in unwissenschaftlichen Kreisen aller Art der Fall
ist.

Das „inter-hot" ist also nur zum geringen Teil aus dem
Sternengeflimmer im Universum gekommen, wo die Astrophysikerin F. Terenzi es als Liebesereignis der Neutro-
nensterne identifiziert hat, sondern wohl auch aus dem Unbewussten, aus dem, was ich die ‚Bezogenheiten' oder die
‚Beziehnisse' (Ein Ausdruck des Kognitionswissenschaft-
lers D. Hofstadter) nennen möchte.[27] Aber was ist das Unbewusste und was heißt Bezogenheit oder ‚Beziehnis', und
kommt es nicht vielleicht doch auch aus beiden Regionen,
außen und innen? Ich denke, dass es ein ‚inter' ist, ein zwischen mir und dem *Anderen* (im symbolischen Bereich)
oder diesem Lacanschen ‚Ding' (das *Andere* im imaginären
Bereich), beides also etwas, das man nicht weiter festlegen
kann. Es ist innen und außen zugleich, und so kann es im
Universum sein und im Unbewussten von einem selbst.
Auch das ist ein ‚inter', das heiß ist.

Diese Aussagen erinnern vielleicht an Gödels Unvollstän-
digkeitstheorem und an die Unbestimmtheitssätze des Physikers Heisenberg oder des Semantikers G. Gamm. Letzterer ist der Ansicht, dass man sowieso nichts mit Bestimmt-

---

[27] Terenzi, F., Der Kosmos ist weiblich. Eine Astrophysikerin auf
der Suche nach dem Geheimnis der Sterne (OT Heavenly Know-
ledge). Goldmann (1999)

heit sagen kann, egal von was man redet.[28] Ein gewisses Geraune, Gemurmel (ein ‚Es Spricht') muss es wohl immer schon gegeben haben, und auch ein ‚ultrasubjektives Ausstrahlen' (ein Es *Strahlt*) – wie Lacan es nennt – existiert unbewusst ebenso überall. All das stellt selbst das ‚inter' dar, die ‚Bezogenheit' zwischen den Grund-Elementen.

So hat das ‚inter' offensichtlich auch Bezug zum Begriff der ‚Verschränkung', der Komplementarität. Wenn man nicht mehr weiter weiß, trifft man auf die komplementären Gegensätze. Der aus der Quantenmechanik stammende Begriff der ‚Verschränkung' oder der Komplementarität wird von Laien und Wissenschaftlern unterschiedlich und in vielen Richtungen kontrovers diskutiert. So hat man immer schon hinter der ‚Verschränkung' dieser zwei Aspekte (des *Strahlt* und *Spricht*) eine rätselhafte Wirklichkeit vermutet, die sozusagen überall wirkt und alles mit allem verbindet. Doch so einfach ist es nicht. Da ich Wort- und Bild-Wirkendes, das *Strahlt* und *Spricht* als Grundtriebe, ja geradezu als primäre Entitäten auffasse, könnte man diese beiden im äußersten Fall als die zwei Aspekte dieser Ganzheit erklären. Doch muss man dann das Wort ‚Verschränkung' als einen diffusen Begriff verstehen und ihn so belassen. Besondere Gültigkeit hat er nur in der Physik.

Doch Freud hat noch einen dritten Aspekt in die Betrachtung der Grundtriebe einbezogen, der die rätselhafte Wirklichkeitstheorie besser erklärt: die ‚genießende Substanz', die man der ‚ausgedehnten Substanz' des Aristoteles und

---

[28] Gamm, G., Nicht nichts, Studien zu einer Semantik des Unbestimmten, Suhrkamp (2000) S. 227

der ‚denkenden Substanz‘ von Descartes gegenüberstellen kann. Will man diese Substanzenlehre verwenden, lässt sich auch vom Genießen des Körpers als solchem, von Lacans ‚substance jouissante‘, sprechen. Der Körper, argumentiert Lacan, ist nicht nur eine ausgedehnte und denkende Substanz, sondern ein ‚corps jouissante‘.[29] Es geht um ein Genießen, das schon in Tieren und Pflanzen agiert und das der moderne Mensch weitgehend verloren hat. Das Wort Genießen kommt zwar bei Freud nicht vor, wohl aber das Wort ‚Befriedigung‘, wobei Freud ganz ersichtlich mit dem „Glücksgefühl bei Befriedigung einer wilden, vom Ich ungebändigten Triebregung" liebäugelt, indem diese Befriedigung durch Lustempfindung „unvergleichlich intensiver ist als das bei Sättigung eines gezähmten Triebes."[30] Im selben Moment allerdings nimmt Freud diese Jubelmeldung wieder etwas zurück, indem er darauf hinweist, dass der Mensch „nur den Kontrast intensiv genießen kann, den Zustand dagegen nur sehr wenig." Die Glücksmöglichkeiten seien schon durch die menschliche Konstitution beschränkt, behauptet Freud weiterhin. Also was nun?

Ich glaube, dass das Genießen einen ganz persönlichen, subjektbezogenen und speziellen Bereich eröffnet, der seine eigenen Regeln hat. Und so ist genau in diesem Bereich das ‚inter-hot‘ aufgetaucht (z. B. durch die Überlappungen). Auch Freud schreibt, dass diese wilde Art der Befriedigung körperbezogen, sein muss, deswegen ist sie ja so

---

[29] Lacan, J., Seminar XXI, Vortrag vom 12. 3. 1974
[30] Freud, GW XIV, S. 437. Man muss Lustempfindung schreiben, weil für Freud offensichtlich Genuss/Genießen nur als Lust vorstellbar ist.

intensiv. Wie schon der Philosoph M. Foucault beschrieben hat, ist das wahre, reale Genießen nur im „Sex ohne Gesetz" und die wahre, reale Körperbezogenheit nur in der „Macht ohne Machthaber" denkbar. Er sagte also das Gleiche wie Lacan und Freud, dass das triebgezähmte Genießen, indem man ihm eine Regel vorschiebt wie hetero-, homo-, trans- oder sonst wie erotisiert (auch sublimiert in der Kunst oder anderen Tätigkeiten), nicht seine volle Größe, sein Reales erreicht. Jede Regel, Zähmung, Hemmung kommt symbolisch einer Kastration gleich, ist nicht ungebändigt und wild.

Schon in der Hypnose, die Freud anfänglich zur Therapie nutzte, war dies ersichtlich, denn die Patienten konnten sich im hypnoiden Zustand dem Genießen des unbewussten Bildmaterials von Phantasmen und Erinnerungen, aber auch der Stimme des Therapeuten hingeben. Doch auch sie blieben durch die Therapeuten-Stimme gezähmt, so dass sie – aus der Hypnose wieder aufgeweckt – nicht viel zur Heilung beitragen konnten. Sie waren durch die Stimme zu sehr gezähmt, sozusagen wie gelähmt und in Schranken gehalten worden und wirkten am Verständnis ihrer Krankheit nicht genügend mit. Das Unbewusste kennt kein Gesetz, dass das in ihm wirkende Sexuelle hemmen würde, aber durch die Hypnose brachte man es nicht ausreichend zum Sprechen. Freud gab die Hypnose daher auf und versuchte das Sprechen zu befreien (freie Assoziation), verbannte damit aber wieder das ungezähmt Intensive des Eros, vor allem dessen Bild-Wirkendes.

Ich gehe in der *Analytischen Psychokatharsis* einen anderen Weg und nutze die ‚Verschränkung' von Schau-Wahr-

nehmungstrieb und Entäußerungs-Sprechtrieb (also Bild-
und Wort-Wirkendem zusammen) als das darin steckende
ungezähmte Genießen, die pure Lacansche ‚Jouissance‘,
die körperbezogen erfahren werden kann.[31] Wie erwähnt ist
für Lacan der übliche, durch eine Regel bestimmte Sex eine
Scheinbeziehung, die das ungehemmt seelische Glücksgefühl, die Sättigung durch die kathartische ‚Jouissance‘, die
– ich wiederhole Freud – „unvergleichlich intensiver be-
friedigend" ist. Diese Aussage steckt ja auch in Foucaults
Bemerkungen, wobei die „Macht ohne Machthaber" eben
durch das rein Seelische, durch das Subjekt, durch ‚Es‘
selbst (das Freud'sche ‚Es‘), nunmehr im Wort-Wirkenden
vermittelt wird. Foucault konnte aber wie auch Freud keine
hilfreiche Kombination, kreativ zu nutzende ‚Verschränkung‘, der beiden Grundkräfte beschreiben.

Eine derartige ‚Verschränkung‘, jetzt in der ja vom Wort-
Wirkenden her dominierten Psychoanalyse ist mir nur aus
einem Fall bekannt, in dem es um einen Patienten geht,
dessen Mutter ihn nicht vom Ehemann, sondern von einem
anderen, fremden Mann bekommen hatte. Den Namen des
Vaters aus dieser Beziehung hat sie nie verraten, und ihr
Sohn und sie wurden von ihrem Ehemann wegen dieses
Seitensprungs stets misshandelt. In der Therapie fiel dem
Therapeuten auf, dass der Patient die Vokale o und i in vie-
len Ausdrücken bevorzugte. Seine Freundin hieß Simone,

---

[31] Wenn auch von der physikalischen Seite her klargelegt wurde,
dass es hinter der ‚Verschränkung‘ keine geheimnisvolle Wirklichkeit gibt, gilt dies für den in der Psychoanalyse verwendeten
‚Verschränkungsbegriff‘, die hier als ‚Legierung‘ (der Triebe) bezeichnet wird, nicht.

er liebte Ios, Milano und Olbia und hörte gerne Verdis Rigoletto. Heraus kam schließlich, dass die Mutter ihm auf dem Totenbett das Wort ‚Korsika' geflüstert hatte, die Heimat seines Erzeugers. Allein die Bewusstmachung dieser *Signifikanten*-Konstellation als Hintergrund seines Traumas brachte bei ihm eine Wendung in der Therapie zustande. Erst jetzt konnte er sehen, welches Problem seine uneheliche Erzeugung für ihn gewesen war. Stets hatten die zwei Vokale in ihm nachgeklungen, die ihn mit seinem konflikthaften Mutter-Genießen verbanden, in dem es keinen Vater zu geben schien. Der Vater klang im o und i nach, in fast nur noch bildlichen Buchstaben.

Von den bildhaften libidinösen Wünschen verbleibt immer ein Rest im Unbewussten, und sei es nur der Zusammenhang von o und i, sei er nun verdrängt oder einfach so unbewusst, dass er nicht bewusst geklärt werden kann wie es manchmal im ausgeprägten Narzissmus oder einer voyeuristischen Schaulust der Fall sein kann. So wie in jedem Wort eine derartige Überlappung der *Signifikanten* vorhanden ist, so ist auch in jedem Bild, das wir sehen, ein ‚Licht'- oder ‚Subjekt'-Punkt auffindbar, der unsere Wahrnehmung selektiv macht oder einen oszillierenden Aspekt bewahrt. Es gibt beim Menschen eine Oszillation von Blick und Angeblickt Werden, die schon Sartre erwähnte. Man wird das Gefühl nicht los, dass einen in den Dingen etwas angeht, ‚anblickt', auch wenn es kein wirklicher Blick ist. Man kann es auch mit sich überlappenden ‚Körperbildern', also den inneren psychischen, könästhetischen Repräsen-

tanzen des Körperhaften erklären, wie es die Psychoanalytikerin F. Dolto tut.[32]

Byung-Chul Han schreibt diesbezüglich, dass dieser rätselhafte Bild-Blick genau von dem ganz *Anderen* herkommt,
der sich jeder Vorhersage und Berechnung entzieht. . . Es
geht um einen Fleck, einen Makel, „der aus dem Bild, aus
der Repräsentation herausfällt. Es stellt einen Bruch, einen
Riss innerhalb der etablierten Handlungs- oder Wahrneh-
mungscodes dar, die das ‚Symbolische‘ ausmachen. . . Es
fällt aus diesem diegetischen, narrativen Gefüge heraus. Es
ist das ganz *Andere*, von dem man angeblickt wird. So löst
es Angst aus.“[33] Und weiter: „*Welt ist Blick*. . . Heute ist die
Welt sehr arm an Blick. Der digitale Bildschirm . . hat
nichts Blickhaftes. [Microsoft] *Windows* ist ein Fenster ohne Blick. Es schirmt uns gerade vom Blick ab.“ Dagegen
ist das ‚inter‘ der Lichtpunkte, die ich vorhin erwähnte, eine ideale Matrix für dieses Blicken und Angeblickt Werden. Kein Wunder natürlich, dass der Sternenhimmel sich
besonders gut dazu eignet, dieses Gefühl des universellen
Blicks zu haben, wo einen doch Millionen ‚Licht‘-Punkte
anzuschauen und zu betreffen scheinen.

Angelehnt an die Philosophie Kants existiert der psychoanalytisch zu erfassende ‚*Andere* der Sterne‘. Kant sah in
den Sternen mehr als nur eine Glitzerwelt. Er sah im „bestirnten Himmel über sich“ eines der zwei Dinge, die „das
Gemüt mit immer neuer und zunehmender Bewunderung
und Ehrfurcht erfüllen, je öfter und nachhaltiger sich das

---

[32] Dolto, F., Das unbewusste Bild des Körpers, Quadriga (1999)
[33] Byung-Chul Han, Die Austreibung des Anderen, Fischer (2016)
S. 61 - 67

Nachdenken damit beschäftigt." Er verteidigte diese seine Stellungnahme gegen bloße Schwärmerei und stellte diese Sternen-Erfahrung (die ich auch das *Strahlt* des ‚Dings‘ nenne) dem Wesen und Wirken der menschlichen Moral (das *Spricht* des *Anderen*) zur Seite. Denn in Wirklichkeit meinte er wohl etwas, was bei der ehrfurchtsvollen Kontemplation nicht in, sondern hinter den Sternen glitzert, eben der *Andere* der Sterne, Lacans ‚l'Autre des Astres‘, die Kombination des *Anderen* mit seinem ‚Ding‘, die hinter dem Schleier der Milchstraße und aller Galaxien zu vermuten ist. M. Blanchot spricht deswegen eher von einem *désastre* (von den Sternen, das nach Desaster klingen soll, aber doch ein Weg-, ein Un-Stern, ein Meditations-Stern ist).[34] Es soll keine Sternen-Mystik sein.

Die bekannte amerikanische Physikerin und Kosmologin L. Randall hat nach Büchern über Quantenphysik und Stringtheorie neuerdings auch über die mehrfach erwiesene Tatsache, geschrieben, dass die Dinosaurier vor 66 Millionen Jahren durch einen Meteoriten- oder Kometeneinschlag ausgestorben sind.[35] Sie führt dies auf die ‚Dunkle Materie‘ zurück, die ja mehr als sichtbare Materie das Universum füllt und nur durch ihre Schwerkraftwirkungen erfasst werden kann. Da die ‚Dunkle Materie‘ dichter gepackt ist, genügt eine schmale Scheibe in der Mitte unserer rotierenden Galaxienscheibe, dass unser zwischen diesen beiden Scheiben hin- und her schwankendes Sonnensystem an seinen Randbezirken wohl doch Reaktionen zwischen sichtbarer

---

[34] Maurice Blanchot unter Wikipedia.org und ‚Die Schrift des Desasters‘, W. Fink-Verlag (2015)
[35] Randall, L., Dunkle Materie und Dinosaurier, S. Fischer (2016)

und unsichtbarer Materie erfahren kann, die periodisch ge-
häuft Kometen in Erdnähe lenken, die zur Erde gestürzt die
Dinos vernichtet haben sollen.

Denn eigentlich ist die ‚Dunkle Materie' bis auf Gravitati-
onswirkungen reaktionslos, aber in Grenzsituationen könnte es doch anders aussehen. Dann könnte es eventuell sogar
‚dunkle Elementarteilchen und ‚dunkles Leben' geben, das
sich ganz in unserer Nähe abspielt, schreibt Randall. Schon
früher hatte sie von Paralleluniversen gesprochen, die eben-
solche Effekte wie ein von uns kaum getrenntes Parallelle-
ben erzeugen würden. Jetzt hält sie es jedoch für plausibler,
dass die ‚Dunkle Materie' selbst solch ein Teiluniversum
unseres Universums ist, das kaum wahrnehmbar neben uns
existiert. So etwas stellt natürlich genauso wie die Ver-
schränkungstheorie eine Versuchung zur Astropsychoanalyse dar, die zwar nicht von ‚dunklen Zivilisationen'
spricht, aber eben doch von dem fremdsymbolischen
‚L'Autre des Astres', vom linguistisch ‚ganz anders herum'
Agierenden. Aber nochmals: was heißt das alles?

Das ‚Ding' zu erfahren heißt also, dem höchsten Genießen,
aber auch dem Tod nahe zu sein und das kann der Blick in
einen voll erleuchteten Sternenhimmel durchaus erahnen
und in einer Meditation eben annähernd erfahren lassen.
Nun sprechen die Sterne nicht, noch haben sie eine definitive Wahrheit für uns parat, so dass es schwierig ist von einer Astropsychoanalyse zu reden. Das ist in der Astrologie
anders, die dafür jedoch ebenfalls keine Wissenschaftlichkeit beanspruchen kann. Der Psychoanalytiker Fritz Riemann agierte auf diesem Feld schon diplomatischer. „Wir
müssen also ‚nur' annehmen", schrieb er, „dass es neben

dem persönlichen und dem kollektiven Unbewussten eine noch tiefere Seelenschicht gibt, die wir das ‚kosmische' Unbewusste nennen können.“[36] Fast – so könnte man sagen – lagen bei ihm die Sterne mit auf der Couch. Aber der Unterschied zum normalen psychoanalytischen Vorgehen ist doch erheblich.

Riemann verglich die aus der psychoanalytischen Behandlung eines Patienten gewonnenen Einsichten mit dessen Horoskop. Später ging er dazu über, zu einem bestimmten Zeitpunkt der Behandlung das Horoskop einzubeziehen und stellte dadurch eine produktive Wirkung auf die Therapie fest. Riemann wandte sich strikt gegen die fatalistischen, schicksalsdefinitiven Bestrebungen der herkömmlichen Astrologie. Überzeugend waren seine Bemühungen jedoch ebenfalls nicht, denn er konnte keine klar verbindende Struktur zwischen Psychoanalyse und Astrologie (oder gar Astronomie) aufweisen. Denn im Grunde genommen hat der ‚L'Autre des Astres' keine direkte Botschaft für uns. Er vermittelt uns lediglich sein ikonisches Dasein, seine Faszination. Beide, Psychoanalyse und Astrologie blieben bei Riemann relativ unverbindlich nebeneinander stehen, wenn man auch hinsichtlich lebensgeschichtlicher Ereignisse Korrelationen herstellen konnte, die wenigstens den Patienten überzeugten. Die Wissenschaft konnte Riemann damit nicht beeindrucken.

L´Autre des Astres, der *Andere* und sein ‚Ding' sind also unbewusst und erzeugen ihre Wirkung durch formelhafte Bedeutungen, durch Wortklangbilder oder „ultrareduzierte

---

[36] Riemann, F., Lebenshilfe Astrologie: Gedanken und Erfahrungen, Klett-Cotta (2012)

Phrasen" (*Spricht*) oder das Angeblickt Sein im Spiegel des ‚Dings' (a); alles im Innersten der Seele. Es deutet sich hier auch das Phänomen an, das ich bereits erwähnt habe und dem korreliert, was der Psychoanalytiker H. Kohut den „Glanz im Mutterauge" nannte. Es steht ein Glanz (so wie eben z. B. der Glanz der Sterne und der Glanz des kindlichen Blickes) mit einem anderen Glanz (mütterliches Augenpaar) in Beziehung. Dieses Glanzpaar macht es möglich, dass ein Säugling z. B. auch zwei augengleiche Punkte anzulächeln vermag. Denn das Kind erkennt noch nicht perfekt die Freude, Liebe oder überhaupt das Wesen der Mutter. Es verbindet vielmehr eine Glanzerfahrung aus seiner visuellen Umgebung oder sogar aus vorgeburtlichen Erfahrungen[37] mit dem Glanz des Auges, das erscheinen und wieder verschwinden kann und so einen wichtigen Bezug zu ihm aufbaut.

Es gibt also – will man es bildtheoretisch ausdrücken– eine Pixel-zu-Pixel-Entsprechung zwischen dem, was sich im Sternenhimmel abspielt und dem, was sich im unbewusst Bildhaften ereignet. Nun ist das nichts Neues. Bereits in der Antike hat man Sternbilder, also die pixelartige Kombination bestimmter Sterne zu einer mythischen Figur wie dem Wassermann oder der Waage zusammengeschmiedet. Die zwölf Tierkreiszeichen, die auf die babylonischen Sternbil-

---

[37] Maiello, S., Das Klang-Objekt, Psyche Nr. 2 (1999) S. 137-157, wo die Autorin beschreibt, dass das Kind im Mutterleib bereits reziproke Spiegelungs-Erfahrungen macht, die die Autorin ein „Erlebnisobjekt" nennt. Das Kind kennt also schon vor der Geburt ein positives seelisches Geschehen., eine „Glanz-Erfahrung".

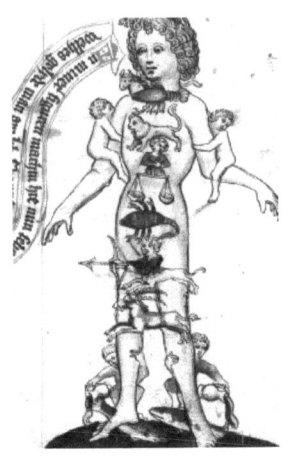

der der Ekliptik zurückgehen, bilden eine der Grundlagen der Alchemie und Astrologie, wie sie insbesondere im Mittelalter genutzt wurden.

Die nebenstehende Abbildung zeigt, wie bestimmten Körperregionen solche Sternbilder zugeordnet wurden. So findet sich der Löwe in der Herzregion, die Fische an den Füßen, was eine gewisse Empathie der alchimistischen Regionen für die Sternbilder bezeugt. Man hatte also das Schicksalslogo mit den Tierkreiszeichen in einer intuitiven Psychodynamik verbunden, was weder Astrologie war noch moderne Psychosomatik, aber doch eine originelle Kombination, die wenigstens aufhellend wirkte, das Schicksalslogo aber nicht wirklich verbesserte.

Der Glanz und der *Andere*, das Bild- und das Wort-Wirkende, das *Strahlt* und das *Spricht* – ewig bleibt man in dem Gegenüberstehen der beiden gefangen, beginnend mit der Beziehung zur Mutter, zum Himmel, zur Phantasie oder sonst etwas. Auch die Psychoanalyse kann dazu nicht viel beitragen, denn sie basiert hauptsächlich auf dem Wortbezug, den symbolischen Signifikanten, dem Wort-Wirkenden. Für das Bild-Wirkende, das ebenso wichtig ist wie das Wort-Wirkende, haben die Psychoanalytiker kaum etwas beigetragen. Es existieren nur theoretische Stellungnahmen, die Praxis wird davon kaum berührt. Deswegen betone ich nochmals, dass sich die *Analytische Psychoka-*

tharsis besonders um diesen Aspekt, den des Bild- und Blick-Wirkenden, des imaginären Signifikaten bemüht.

Denn das Kleinkind erfährt sich anfänglich – weitgehendst unbewusst – in ähnlicher bildhafter Weise wie bei den Tierkreiszeichen oder den Körperbilder von F. Dolto gezeigt, psychisch wie ‚zerstückelt‘. Wie ich schon mehrmals erwähnte kann das Kind sich anfangs nur für Momente aus dieser Zersplitterung, Spaltung, heraus einheitlich als ein Ich wahrnehmen. Seine Wahrnehmung wird eben noch stark vom rein Bildbezogenen dominiert, d. h. das Kind erlebt schwerpunktmäßig mal das eine, mal das andere Körperbild und kann noch nicht alle einheitlich zusammenfassen. So orientierungslos könnte es nicht überleben, wenn es nicht in der Mutter eine Bezugsperson gäbe, die die weitere Ichentwicklung – erst einmal zumindest - ermöglicht. Mit dem Sternenglanz in ihrem Auge, der langsam beginnt – auch wenn die Mutter dies gar nicht sagt und nicht einmal denkt – die Liebesgeschichte des *Anderen* zu erzählen.

C. Griscom, eine Mutter, eine von fünf Kindern, beschrieb einmal ein überwältigendes Erleben des Sternenhimmels als „kosmischen Orgasmus". Sie geriet in Ekstase und hatte das Gefühl in der Luft zu schweben. Ja, sie meinte sogar aus diesem ekstatischen Sternenerlebnis schließen zu können, dass Gott selbst Orgasmus sei. Genau hier beging sie natürlich den Fehler, ein Geschlechtsverhältnis zu behaupten bzw. ein solches Gott unterstellen zu müssen. Ist doch gerade der monistische Gott der, der dem Sexuellen meist diametral gegenübersteht. Aber es ist klar, was sie meint: sie hat wieder eine dieser faszinierenden Analogien im Auge, die so beeindrucken, dass man in so einem Moment alles vernünftige Denken über den Haufen wirft. Sie sieht also die totale ,Verschränkung' des Bild-Wort-Wirkenden auf einer primär-primitiven Stufe und entwickelt sich in der Folge zur amerikanischen Esoterikmanagerin; darüber hinaus kommt sie nicht.

Nochmals: es genügt die Schau, das *Strahlt* der Galaxien alleine nicht. Es geht ja wie gesagt auch um das *Spricht*, um „den *Anderen*, den man – trifft man ihn immer an seinem Platz an, auch den *Anderen* der Sterne, *L'Autre* und das ,Ding' nennen kann, weil es so das stabile System der Welt und des Objekts ist."[38] Dieser Lacan'sche *Andere* und sein ,Ding' stellen eben überhaupt das Zentrum des Unbewussten und auch des Universums dar. Und weil dies eben in jedem von uns authentisch vorhanden ist, braucht es laut Lacan keinen Universitätslehrer. Der ,L'Autre des Astres' ist in und um uns und gibt uns das *Strahlt* eines Angeblicktseins und das *Spricht* eines orientierenden Lautes, wenn man ihn mit den *Formel-Worten* provoziert.[39]

Denn sieht man genauer hin, konnte man bei Frau Griscom schon sehen: es waren nicht nur die Sterne von innen und außen, die korrelierten. Da war noch etwas anderes. C. Griscom war zu dem Zeitpunkt ihres Erlebens von ihrem Mann kurz zuvor geschieden worden und mit ihren Kindern in die Wüste gefahren. Sie reflektierte, wie lange sie wohl nicht mehr mit jemand geschlafen hatte, dass sie Sex vielleicht nie mehr erleben würde und so schaute sie zum Sternenhimmel empor. Kurz danach kam es zu der „einen

---

[38] Lacan, J., Seminar III, Quadriga (1997) S. 89
[39] Im l'Autre ist natürlich wieder der Wort-Wirkende und in den astres das Bild-Wirkende vertreten.

Million orgasmischer Explosionen".[40] Es spielte also auch eine Depression eine Rolle, die in ein manisches Erleben umkippte. Ein histrionischer Schub, in dem sie sich eher mit einem wohl mehr vom Männlichen her gesteuerten Erleben identifizierte als mit der reinen „Jouissance feminine".[41] Den wahren Punkt, den Subjektpunkt ihrer Psyche, den Punkt ihres verdrängten oder versteckten Begehrens hat sie nicht gesehen, denn ihre Ekstase glich eher einer Ejakulation als einem Gott. Das Ganze hatte also wohl einen neurotischen Hintergrund.

So bringt Lacan zur weiteren Erklärung dieser Zusammenhänge vom Genießen und den Sternen auch das treffende Beispiel von Freuds paranoischem Senatspräsidenten D. Schreber, der schrieb, dass das Sternbild der Kassiopeia ihn vor der Masturbation schützte, ein für den Psychoanalytiker selbstverständlich kurioser Fall, der nicht weit weg liegt von der oben erwähnten Geschichte von Frau Griscom.[42] Während Griscom vom dem Gott unterstellten Sternenhimmels zur Oszillation eines Orgasmus gebracht wurde, schützte die Sternengöttin Kassiopeia mit ihren Oszillationen Schreber davor, den wahren Orgasmus masturbatorisch zu erreichen. Schreber phantasierte nämlich, dass er das Weib Gottes sei, und da seien höhere Genüsse zu erwarten, als nur der masturbatorische Akt. Aber fehlt hier nicht der

---

[40] Griscom, C., Die Frequenz der Ekstase, STB (1987) S. 170
[41] Ein Ausdruck der Psychoanalytikerin R. Golan, um das ‚weibliche Genießen' von der männlichen Lust zu unterscheiden.
[42] Schreber, D., P., Denkwürdigkeiten eines Nervenkranken, Kadmos (1995) und Stellungnahme Freuds, S., GW Bd. VIII, S. 289

große *Andere*? Fehlt hier nicht eine seriöse Meditation? Warum spricht die Kassiopeia nicht mit ihm? Warum finden sie nicht beide einen gemeinsamen meditativen Sternenblick, Bild-Wort-Wirkendes, etwas wissenschaftlich fundiert Ikonisches?

Schrebers transsexuelles Genießen und Schicksalslogo war ebenso wie das von C. Griscom krankheitsbedingt verzerrt, also durch eine schlechte, unausgegorene Kombination des *Strahlt / Spricht*. Wenn Byung-Chul Han schreibt, dass unser Blick heutzutage durch die Fassade von *Windows* verstellt ist, dann war er eben damals und im Falle von Griscom und Schreber auf andere Weise genauso behindert. Schreber landete in der Psychiatrie, denn letztlich sprach er im transsexuellen Rausch nur mit sich selbst. Während Frau Griscom mit ihren Büchern Karriere machte und ihr Klientel ganz gut abkassierte, entwickelte Schreber ein Delir. So unterschiedlich können seelische Vorgänge im Endeffekt ausgehen, obwohl sie sich strukturell gleichen. Das Genießen, das ich hier mit den Übungen der *Analytischen Psychokatharsis* favorisiere, liegt auf der Seite der Katharsis, der ‚genießenden Substanz’, die hinter den ‚Verschränkungen’ als Gespräch mit dem Unbewussten zu finden ist und eine verantwortungsvolle Selbstanalyse ermöglicht. Der Blick im Verfahren der *Analytischen Psychokatharsis* äußert sich daher in eigener und neuer Form, nämlich in der einer Katharsis, Befreiung, Erhellung und oft auch einem der ‚Chill-Out‘-Erfahrung ähnlichem ‚Durchrieseln‘ des Körperbildes, also dem konzentrierten *Strahlt*, dem Ikonischen ‚Ding‘.

Schreber und Griscom konnten in ihrem Sternenblick das ‚Ding' nicht finden, von dem aus – in umgekehrter Weise

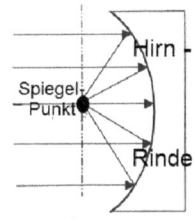

wie in der Psychoanalyse – eine ‚Ordnung der Blicke', bildliche Objektivierungen, Vergegenständlichungen wieder möglich wären. Während Lacan sagt, man muss die Objekte (dazu gehören auch die psychischen Objekte wie das z. B. das erwähnte Orale) „zur Würde des ‚Dings' erheben", beginnt man ja in der Analytischen Psychokatharsis mit dem gerade genannten *Strahlt*-Blick, dem „Lichtquell der Reflexe" im Mittelpunkt des Konkavspiegels des Gehirns, der dem ‚Ding' nahesteht (siehe Abb. nebenan). Von dort aus lassen sich dann Blicke (Erinnerungen z. B.) visualisieren, aber man würde dann mehr und mehr wieder den Höhepunkt der Selbstsublimierung des ‚Dings' verlieren. Nun kann man diesen Höhepunkt von sich alleine aus nicht halten, die schönheitssüchtige Kassiopeia ist nicht zuverlässig genug und Griscoms Gott lässt sie ebenso wieder mit ihren irdischen Problemen allein. Zum *Strahlt* des ‚Dings' gehört auch der *Andere* des Wortes, nur beide zusammen können eine gewisse dauerhafte Höhe garantieren.

Deswegen setzt man sich in der *Analytischen Psychokatharsis* also der Stille, dem Nichts (der Ur-Verdrängung) gegenüber und hat zuerst einmal Halt in den *Formel-Worten*, die einen gemeinsam mit dem Achten auf ein *Strahlt*-Phänomen stabilisieren. Während man entspannt aufmerksam bleibt, wiederholt man ein paar dieser *Formel-Worte* hintereinander rein in

Gedanken. Ich bringe hier lediglich noch ein weiteres kurzes Beispiel für das *Formel-Wort*. In der oben neben stehenden Abbildung ist ein anderes *Formel-Wort* geschrieben (Erklärung in Anhang). Nur durch solch eine ,linguistisch-kristalline' Stütze kann man eine wahre Botschaft erwarten. Dass es sich um Latein handelt, stellt kein Problem dar, denn die Formulierung dient lediglich dem klaren wissenschaftlichen Aufbau, nicht dem Verständnis. Auch der Lateiner wüsste also eigentlich nicht, was gemeint ist, obwohl er sicher ist, dass es sich um seine Sprache handelt. Er würde nicht gerade verzweifeln, aber doch erstaunt und unsicher sein, selbst wenn er bemerkt, dass es zum Teil um recht schrullige Bedeutungen geht.

Doch genau dies ist gewollt, denn so ist die Struktur des Unbewussten aufgebaut. Das Unbewusste ist eine Überkreuzung des Bild- und Wort-Wirkenden, die man eben nicht gleich versteht – obwohl man die Wort- und die Buchstaben-Geometrie einmal selbst dahin geschrieben hat. Man hat das wahre Wortklang-Bild durch Verdrängung ins Unbewusste, ja durch eine Lüge verdeckt und versteckt. Eine Lebenslüge. So kann man seinen eigenen Text nicht mehr lesen. Der schrullige, irrationale Text des Unbewussten ist aber nicht antirational. Er sagt etwas. Der Analytiker muss mit seinem Patienten die Verdrängung und Verleugnung nur wieder aufheben und das in den unbewussten „ultrareduzierten Phrasen" steckende Geheimnis lösen: den Wahrheitssatz, das *Pass-*, bzw. Identitätswort enthüllen.

Das Geheimnis liegt nicht in der Verschlüsselung von Bild-zu-Bild oder auch von Vokabel-zu-Vokabel allein. Sondern es liegt in der durch eine Topologie gekrümmten Bild-zu-

Wort oder Wort-zu-Bild Verschlüsselung, in der ‚Verschränkung‘, wie sie das *Formel-Wort* zeigt. Wie schon gesagt, ist es nur diese Verbindung, Überlappung, ‚Verschränkung‘ der Grundkräfte, die das autochthone Genießen, die eigentliche ‚Jouissance‘ ermöglicht und garantiert. So etwas gibt es in der Psychoanalyse nicht, da sie sich auf die ‚freien Assoziationen‘ und deren Deutungen beschränkt. Für eine ‚der Liebe unterstellte Wissenschaft’ brächte aber die Katharsis, das Bild-Wirkende, das Ikonische viel eine aufregendere und wertvollere Dimension ins Spiel, nämlich die den Wahrheitsspiegel des *Anderen* und seines ‚Dings‘, das ich letztlich mit der autochthonen ‚Jouissance‘ für identisch halte.

4. Das untere und obere Herz und das in der Mitte

Die Menschen zitieren oft den Satz aus dem ‚Kleinen Prinzen' von A. de Saint-Exupéry: „Nur mit dem Herzen sieht man gut," denn so heißt es weiter, „das Wesentliche ist für die Augen unsichtbar."[43] Die Formulierung klingt sympathisch, menschlich, schlicht. Jeder weiß sofort, was gemeint ist, nämlich dass das Herz als Sitz warmer, empathischer Gefühle das bessere Organ darstellt als das Auge, um die Dinge zu sehen und anzugehen. Doch um diesen Satz noch genauer zu verstehen, müsste man das Herz in ein unteres und ein oberes unterscheiden. Das untere Herz ist für die herzhaften, starken, emotionalen Gefühle zuständig. Es ist auch Sitz der Leidenschaften und manischer Anhängigkeiten. Dieses Herz kann sich an einen Schoßhund oder eine Blumenvase verlieren, es kann in Theatralik oder Erotomanie überschäumen, was nicht unbedingt schlecht oder falsch sein muss, aber es bleibt doch ziemlich weit unten, wenn man es von der Perspektive her betrachtet, die Saint-Exupéry gemeint hat.

Das obere Herz ist aber etwas anderes und kommt Saint-Exupérys Intention vielleicht näher. Schon die Mystiker früherer Zeiten haben behauptet, dass sie das Herz in der Stirne trügen. Gemeint ist, dass sie zwar fühlen und innerlich dabei sind, aber auch ein Überblick, eine transzendente Perspektive dazugehört. Es ist das obere Herz, das eher ein sanftes Empfinden ausstrahlt, das Empfänglichkeit und Hingabe kennt und zudem mit ein bisschen Vernunft begabt ist. Saint-Exupéry hat sicher eine Mischung aus beiden

---

[43] Saint-Exupéry, A., Der kleine Prinz, Nicol Classics (2016) S. 68

Herzen gemeint. Schließlich war er selbst ein großer Humanist aber auch ein Hallodri, ein Herzensbrecher – insbesondere was seine Beziehungen zu den Frauen anging. Diesbezüglich hat er wohl mit seinem Herzen zu gut gesehen, aber nicht begriffen, dass sein Herzens-Blick manches Frauenherz nicht richtig eingeschätzt und behandelt hat. Für ein wissenschaftliches Vorgehen, das jedem Menschen gesichert eine Erfahrung dieses ganzen Herzens ermöglichen soll, reichen meine Bemerkungen zum oberen und unteren Herzen jedoch nicht aus. Dafür muss man statt auf Saint-Exupéry wieder ein bisschen auf die Psychoanalyse, die Meditation und die Frage nach dem Schicksalslogo zurückgreifen. Das Menschliche von Saint-Exupéry geht dabei nicht verloren.

Im Traum zum Beispiel sieht man auch nicht mit den äußeren Augen, sondern mit solchen, die irgendwie innen sind, oben im Kopf, im alleroberstem Herzen. Denn was man dort während des Schlafens sieht, hat auch den Charakter eines innerlich intensiven Dabeiseins. Es handelt sich um einen direkten, Blick nach innen, der – laut Freuds Auffassung – von dem ‚Organ' herkommt, dass den Trieb psychisch repräsentiert, eine primäre psychische Instanz also, der man gut den Namen des Herzens geben könnte (‚Vorstellungsrepräsentanz' bei Freud). Ich hatte vorhin bereits den Begriff des Wahrnehmungs- bzw. Schautriebs erwähnt. Hierbei geht es um ein Geschehen aus Herzenslust, eben aus herzhafter Schaulust, einer Strebung, die sich an die Wahrnehmung anlehnt, allerdings ohne sich dabei wie im Traum viel Gedanken zu machen, unteres Herz also, aber auch nach innen gerichtetes und von innen her kommendes Herz.

Saint-Exupéry konzentrierte sich auf den Blick nach außen, dabei kam irgendetwas zu kurz, das nach innen aber auch nach oben gehen sollte. Saint-Exupéry war sicher nicht lieblos, trivial oder glatt, denn er konnte mit seiner Sicht der Dinge wuchern, konnte sie erhöhen, verwirbeln, aber mit ihrer Krummheit auch verletzen. „Das Glatte dagegen verletzt nicht", schreibt der Philosoph Byung-Chul Han, „. . . aber von ihm geht auch kein Widerstand aus. Es heischt Like [das heutige ‚Gefällt mir' der Smartphones]. . Der glatte Gegenstand tilgt sein Gegen. . . Jede Negativität wird beseitigt. . . Es ist gleichsam unverletzbar."[44] Gemeint ist die Unverletzbarkeit des glatten, nur kalt spiegelnden, herzlosen Diskurses der heutigen Digitalwelt, die geglättet wirkt, „denn es werden vor allem Gefälligkeiten, ja Positivitäten aus getauscht. Sharing und Like stellen ein kommunikatives Gleitmittel dar. . . Das Glatte vermittelt nur ein angenehmes Gefühl. . .. Es erschöpft sich im ‚Wow'."" Saint-Exupérys ungeglätteter und damit ehrlicher, aufrichtiger Herzblick überwindet jede Glätte, raut sie auf, dies betrifft jedoch nur die eine Seite.

Die andere Seite stellen die Gedanken dar, für die der Blick alleine nicht ausreicht und die sich in der tiefsten Stelle des Herzens sogar verbergen können. Denn natürlich kann man auch mit dem oberen Herzen nicht gut sehen, wenn die Gedanken zu zahlreich, zu komplex, zu sehr intellektualisiert und versachlicht oder einfach nur schlecht sind. Vor allem stören die Gedanken, die man bei sich selbst nicht mag, die aus der Sicht des Herzens ‚niedrigen' Gedanken,. Um mit

---

[44] Byung-Chul Han, Die Errettung des Schönen, Fischer (2015) S. 9

dem oberen – oder auch mit dem ganzen Herzen gut zu sehen, braucht man noch etwas Zusätzliches, etwas, das die
beiden Herzen zusammenhält und dass dieses dritte, ganze
Herz, zudem auch noch mit dem richtigen Blick versieht.
Es muss nämlich ein Blick sein, der nichts Bestimmtes
sieht, nichts vorher schon zu Eigenes, Vorgefasstes oder
Narzisstisches zum Beispiel. Der Blick des Herzens könnte
neben dem Ikonischen, auf das ich noch eingehen werde,
auch durch die ‚ultrareduzierten Phrasen' und *Pass-Worte*
aus dem Unbewussten eine Verbesserung bekommen,
durch eine Stimme also, mit der man gut kommuniziert.

Die Stimme ist es also, die tief innen und oben rangiert,
und die somit fehlt. Denn wie Sait-Exupéry an anderer
Stelle im ‚Kleinen Prinzen' sagt, braucht es sprachliche
Regelungen, Festlegungen, die den Takt, den Rhythmus
des Herzens mitbestimmen. „Wenn du irgendwann
kommst," sagt der Fuchs zum kleinen Prinzen, „kann ich
nicht wissen, wann mein Herz da sein soll . . . es muss feste
Bräuche geben." Es muss Verbindlichkeiten geben, die die
Begegnung der Herzen regeln. Solche Verbindlichkeiten
können sogar dazu führen,
dass der Blick des Herzens
selbst sein Inneres gut sehen
kann, sein Es *Strahlt*,
wodurch es auch der
Selbstsublimierung (Verfeinerung, Erhebung des eige

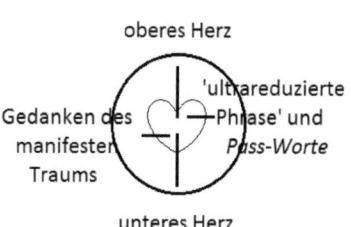

nen Selbst) dient und zur Selbstenthüllung (*Spricht*) beiträgt. Genau von einer derartigen verfeinerten Perspektive
aus richtet sich der Blick des Saint-Exupéryschen Herzens
nicht nur nach überall hin, sondern und versucht auch noch

etwas zu sagen. Die neben stehende Abbildung soll die sich gegenüberstehenden Begriffe der Herz-Verfeinerung und Enthüllung, zeigen, wobei zu sehen ist, was mehr dem unteren oder dem oberen Herzen näher steht.

Das dritte oder mittlere Herz benötigt also neben dem Saint-Exupéryschen Blick noch die Stimme, die in der Geschichte des ,kleinen Prinzen' – meines Erachtens – vom Fuchs ausgeht. Die Frage wie man zu diesem erweiterten Herzens-Blick kommt, beantwortet Saint-Exupéry nämlich nicht direkt. Er lässt sie aus den Dialogen anklingen, die mit dem kleinen Prinzen, der Schlange, dem Fuchs und anderen entstehen. Zu Tage kommen sehr anheimelnde, humanitäre Aussagen wie z. B. auch die, dass man „zeitlebens für das verantwortlich ist, was man sich vertraut gemacht hat." Alles klingt lieblich und mystisch. Aber der Kleine Prinz konnte nicht sagen, wie man sich dieses so wichtige ganze, mittige Herz, das obere und untere, innere und äußere zusammen, erwerben, erlernen und erarbeiten kann. Für ihn war es mystisch gegeben, und da er spürte, dass er das Herz auf diese Weise gar nicht ganz vermitteln kann, ließ er sich von der Giftschlange, die ihm schon anfangs ihre letzte Hilfe angeboten hatte, beißen und verschwand.

Ich fand diesen Ausgang von Saint-Exupérys Geschichte eigentlich nicht gelungen, nicht schön, auch nicht psychologisch überzeugend. Es ist ein Märchen, für Kinder und Erwachsene gleichermaßen geeignet. Aber eben nur ein schönes Märchen mit einem etwas befremdlichen Ausgang, denn dass man Gift braucht um nach Hause zurückzukehren ist nicht das Ideale. Dabei war Saint-Exupéry einer besseren Lösung schon nahe. Er hätte noch mehr davon sprechen sollen, nicht nur was das Herz sieht, sondern auch was es zu sagen hat mit seiner von tief innen und oben kommenden Stimme. Denn das ‚Davon Sprechen' ist das Wichtigste. Und dies vermittelt schließlich der Fuchs: ‚Wenn du mich zähmst,' sagt der Fuchs zu Kleinen Prinzen, ‚wird mein Leben wie Sonnenschein sein'. Zähme mich doch, schmeichelt der Fuchs, denn dadurch wirst du dich auch selbst zähmen. Dann wird unser beider Leben wie sonnenbeschienen sein – comme ensoleillé. . . Se tu m'apprivois . . im Französischen klingt das alles wie Gesang. Und als er gezähmt war, schenkte der Fuchs ihm den Satz, dass man nur mit dem Herzen gut sieht. Zähmen, das betrifft wieder diese kleine Verbindlichkeit, die der Liebe, um die es ja letztlich ganz wesentlich geht, die zutreffende Richtung und den passenden Namen gibt.

„Liebe gibt es nur zu einem Namen", meinte Lacan aus diesem Grunde. Einen Fuchs zu lieben, einen Prinzen, das alles allein genügt nicht, man muss dieser Liebe auch eine Zähmung mitgeben, eine sanfte, kleine, behutsame Regel. Wir zähmen nämlich immer nur andere, nicht uns selbst, und so könnte man das Märchen ergänzen: nur wer gut gezähmt ist, hat auch etwas zu sagen. Die meisten Menschen sind nicht gut genug gezähmt und schon gar nicht sind es die herkömmlichen Wissenschaftler, um die es mir hauptsächlich geht. Von den Politikern, den Machtmenschen gar nicht zu reden. Aber mit der herzensguten Mystik oder Romantik früherer Zeiten funktioniert die Zähmung heute nicht mehr. Solch eine sanfte, zarte, aber auch wissende Stimme, wie der Fuchs sie hat, ist – in neuer Form – notwendig.

Was mir vorschwebt, ist ein Verfahren, mit dem man sowohl nach tief innen wie auch nach oben gehen kann, um diesen Blick des ganzen, umfassenden Herzens zu haben. Religiösen Menschen wird dies vielleicht nichts Neues sein. Sie werden sagen, dass sie durch Beten und praktizierten Glauben auch dahin kommen, ein oberes Herz zu installieren, dass das untere dann mitzieht. Sie glühen in einer Konfession, in einer Anbetung. Doch alle sprechen sie vom gleichen Gott und bekriegen sich dennoch bis aufs Blut. Ich wähle daher den allgemeinen Begriff des mittigen Herzens, bei dem die Zähmung durch Meditation, durch die Aufrichtigkeit und Wärme des Blicks, aber auch durch die Verbindlichkeit eines niemanden vereinnahmenden, eines also eher leeren Namens, von etwas Ikonischem, eines Ikons, geleitet ist.

Gott selbst ist nämlich kein leerer Name, er ist ein durch Konfessionen gefesselter Name, ein toter Ur-Vater, ein in allen Religionen missbrauchter Name. Er kann zwar die gleiche Wirkung haben wie mein „inter-hot" oder andere Äußerungen, die durchaus aus dem ganzen Herzen kommen können, wenn man ganz oben und innen ist. Aber es braucht dann noch eine Deutung, ein Einbekenntnis, nicht gerade eine Offenbarung, aber doch eine Selbstenthüllung, eine Bezeugung aus dem Unbewussten. Die Seele kann ihre Rechnung nicht ohne ihr Unbewusstes machen, und das geht meiner Meinung nach nur durch die meditative Zähmung, die einen wenigstens einmal ganz weit oben und innen gebracht haben muss – heutzutage eben mit Hilfe einer wissenschaftlich fundierten Methode.

Mit esoterischen Ritualen und spirituellen Operationalisie-rungen kann man es in der heutigen Zeit nicht mehr gelingen lassen. Jesus hat sich nicht mit so etwas aufgehalten, er hat die starren Regulierungen der sadduzäischen Priester gleichermaßen abgelehnt wie die gedankliche Akrobatik der Pharisäer. Wie Luther ging er direkt auf Gott los. Und auch die Psychoanalytiker sind – wie ich andeutete – in psychologische Scholastik zurückgefallen. Sie gehen nicht direkt nach innen und oben zum Herzens-Blick und dessen Enthüllung. Sie haben zahlreiche Klüngelvereine gegründet, innerhalb derer sie sich selbst bestätigen. Sie gehen nicht auf das Ikon los, das mitten Im Bild-Wirkenden liegt, im ‚Ding'.

Um ein bisschen mehr zu verstehen, was das ist, muss ich mich nochmals der Psychoanalytikerin F. Dolto zuwenden, die statt wie Lacan den symbolischen, verbalen Signifikanten, das Wort-Wirkende zu favorisieren, den imaginären, blicklichen Signifikanten, das Bild-Wirkende in den Vordergrund stellt. Sie zielt auf die ‚Körperbilder' ab, also auf das, was sich vom Körperlichen ins blick- und bildhafte projiziert. So unterscheidet sie das basale, mehr primär-ganzheitliche Körperbild vom dynamischen und erotischen Köperbild. Wie diese sich nun im Körper verteilen ist hier nicht so wichtig, bedeutsamer ist, wie sie dissoziiert, also voneinander zu stark getrennt oder miteinander verbunden sind. In psychischer Krankheit sind sie dissoziiert, im kathartischen Zustand der Meditation, in dem, was ich schon das ‚Durchrieseln' genannt habe, den Glücksschauer, der einen von oben ein Stück weit nach unten hin durchströmt, durchkitzelt, durchrieselt, sind sie eng verbunden und überlappen sich weitgehendst. Wenn man – z. B. in der *Analyti-*

schen Psychokatharsis – den Höhepunkt der ersten Übung (mentales wiederholen der *Formel-Worte* und auf das *Strahlt* vor einem) erreicht, findet ebenfalls diese Verbindung statt..

Man kann das ‚Durchrieseln' gut mit dem ‚Durchgruseln' im Märchen ‚von dem, der auszog, das Gruseln zu lernen', vergleichen. Dem jungen Mann gruselte es vor nichts, was heißen konnte, dass er die Königstochter heiraten könnte, bestand er bestimmte Schauer- und Gruselexperimente. Tatsächlich, nichts Schauerhaftes konnte ihn aus der Fassung bringen, doch als ihm zum Schluss die Kammerzofe der Prinzessin einen Eimer mit im Wasser zappelnden und kitzelnden Gründlingen auf den Bauch schüttete, schrie er auf: ach Gott, wie durchrieselt, wie gruselt es mich, jetzt weiß ich, was Gruseln ist. Es hatte mit der Erweckung des dynamischen und erotischen Körperbildes zu tun, vorher war er nur im relativ starren, rigid-basalen, herzlosen Körperbild gesteckt. Jetzt hatte er das ganze Herz erfahren, alle Körperbilder hatten sich zusammen gefügt.

Nun ist es ebenso nicht leicht weiterhin mit dem wissenschaftlichem Vorgehen wie ich es verstehe, genau so weit nach oben wie nach innen zu kommen. Aber der Weg nach allein oben, wie ihn die früheren Mystiker mit ihrer Herzens-Verzückung gegangen sind, ist eben auch nicht mehr relevant. Wir können heutzutage nicht mehr Heilige sein wie Juan de la Cruz, wie Böhme, Tauler oder die Heilige Theresa von Lisieux. Die Heilige Theresa von Lisieux war extrem in ihrem Liebesrausch nach oben. Sie, eine der letzten ihrer Art, wünschte sich innigst, von ihrem Gottgeliebten „durchbohrt" zu werden, wie andere Heilige durch

Schwert oder Scheiterhaufen zu sterben (Gottseidank war dies zu ihrer Zeit alles schon abgeschafft), sowie gegeißelt und in siedendes Öl geworfen nicht nur eine, sondern „alle Martern zu erleiden".[45]

Welch unglaubliche erotisch-anarchische Kraft hinter diesem zarten Mädchen gestanden sein muss! Welche Höllen-Himmel sie durchwanderte, auf jeden Fall nichts Irdisches. Die Heilige Theresa von Lisieux setzte alles daran, um von ihrem Gott regelrecht und wirklich „verzehrt" zu werden, und tatsächlich verzehrt er sie im knusprig jugendlichen Alter von 24 Jahren. Sie stirbt an unbehandelter Tuberkulose, es ist tatsächlich an ihrem Leben alles eine Kraft des gequälten Herzens, Körper und Seele gleichermaßen. Es handelte sich um eine schwere Neurose, die die Kirche bei ihrer Novizin nicht rechtzeitig erkannt hat, sondern fatalerweise noch unterstützte. Die Tuberkulose hätte man behandeln können, und so hat die gute alte ‚Marter-Kirche' bei ihrer letzten Heiligen wieder einmal vollkommen versagt. Aber sind wir heute weiter? Heute sind es die Mädels selber, die sich verzehren, die Es- und Ess-gestörten, die Histrionischen und die Magersüchtigen. Sie sind genauso gierig nach Verschlingen, nur verschlingen sie täglich eine Portion des Nichts, der blanken Null, des höllisch geliebten Ätherischen, des Überschlanken oder entkörperlichten Vakuums.[46]

---

[45] Theresa von Lisieux, Über die Liebe, Deutsche Verlagsanstalt (1962)
[46] Natürlich suchen sie unbewusst mehr Anerkennung und Bestätigung ihrer selbst, aber vom Triebdynamischen her ist es der gleiche Trieb wie bei der Esssucht, nur ist er verliebt ins Nichts.

Wie Saint-Exupéry war auch sein Zeitgenosse H. Carossa Schriftsteller, Romantiker und Weisheitslehrer. Er war Arzt und auch einer von diesen humanistischen Gutmenschen, diesen Wohlwollenden, die sanft und mit einem leicht väterlich beschwörenden Ton über das Wesen des Menschen philosophierten und positive Ratschläge erteilen. In seinen Gedichten und in dem Buch ‚Geheimnisse des reifen Lebens' dichtet er von heimischer, tröstender Weisheit, und so hat man ihn einen Nachfolger Goethes genannt. Ähnlich der Dichterarzt C. Schleich mit seinem Buch ‚Besonnte Vergangenheit': ein Menschenfreund und Nostalgiker. Oder A. Schweitzer, der Demuts-Heiler, der nach Afrika ging. Und gar die Lyriker wie Tagore und Saint-John Perse, die ihre Liebe zur Transzendenz den Menschen wehmütig vorgesungen haben. Ich könnte noch zwanzig, dreißig weitere dieser wohlmeinenden Weltenkenner aufzählen, doch wo sind sie geblieben, wo sind sie heute? Niemand kennt sie mehr, wo sie doch einmal so wichtig waren. Ihr Schicksalslogo war das große Herz, mit dem sie alle gut sahen. Aber sie rüttelten die Welt nicht auf, sie schrien ihre Botschaften nicht aus sich heraus, sie klagten Gott und seine Politiker und Wirtschaftsexperten nicht heftig genug an. Sie besänftigten alle nur.

Auch das Schicksalslogo, die ‚Verschränkung' Saint-Exupérys mit dem Kleinen Prinzen oder Carossas und A. Schweitzers Arzt Sein mit religiös-sozialer Tugendschwärmerei ist nicht die perfekte Herz-Metapher – und doch ist sie das auch. Denn diese Metapher verrät nicht die ganze geheime Wirklichkeit dahinter, von der man nichts sagen kann. Aber man kann zu ihr motiviert werden. Es geht um den Punkt des Selbstredens, den ich eingangs als den missglückten Versuch der Linguisten, an die Wurzeln der Sprache zu kommen, dargestellt habe. Auch Tschuang Tses Wunsch jenseits der Sprache sprechen zu können, kreist um dieses Herz. Ich habe in meinem Buch ‚Herz-Sprache' versucht, diesen Punkt ausgehend vom medizinischen Aspekt her zu beschreiben. Es wurde ein langer Weg von der Erkrankung der Herzkranzgefäße bis zu dem Herzen, in dem sich Verstand und Gefühl zusammenfinden. Aber er hat sich für den einen oder vielleicht anderen doch gelohnt, wenn ihm dadurch eine Bypass Operation erspart geblieben ist oder ein Kunstherz.

„Das Herz kann nichts von sich selber sagen", schrieb ich damals (1992). „Das wäre das einfachste, dass ein Herz sich selbst direkt mitteilte – einfach so, lautlos, unsichtbar und doch erfahrbar, damit es ‚Herz-Sprache' gäbe. Der griechische Philosoph Parmenides konnte noch auf der Suche nach dem, „was das Sein wäre", behaupten, dass es sich selbst mitteilt, wenn man nur genau genug hinschaut. Aber in Wirklichkeit sagt er, Parmenides, es selber, und, Philosoph der er ist – reißt er sich dann das Sein unter den Nagel. Er behauptet einfach das Sein. Manchmal geht das in der modernen Medizin auch so: Man setzt einem Patienten einfach ein Kunstherz ein und behauptet dann, dass es genau das Herz sei, dass das jetzt fehlende des Patienten ersetzt. Es vermittelt sich – dieses Herz – genau dadurch, dass es ein Motor, eine Pumpe mit vier Kammern und einer entsprechenden Zahl von Adern daran ist, und eben durch diese Definition ist es austauschbar, ist es Sein wie das andere Sein. Ist es Ein-S-Ein." Aber dies stimmt natürlich nicht, denn mit dem Kunstherz sieht man schlecht.

Saint-Exupérys Schicksalslogo war das des abenteuerbesessenen Außenseiters, er hat nicht auf die Stimme des Fuchses gehört, auf diese innere Stimme, die Stimme des Herzens, denn nur mit dieser Stimme spricht man gut und versteht die Welt. Er riskierte waghalsige Flüge mit Bruchlandungen und verklärte mit dem Ausdruck von Todesverachtung diese Geschehnisse in einigen Büchern. Andererseits war sein Schicksalslogo auch durch die Heroisierung der Männerkameradschaften und einen militärischen Pflichtidealismus und seine schlechte Behandlung der Frauen mitbestimmt. So hatte er einige Amouren und ließ seine eigene Frau lange Zeit (1939 bis 1943) allein in Frankreich zurück. Auch den frühen Tod des Vaters und des jüngeren Bruders hatte er nie ganz verarbeitet.

Auf dem letzten Aufklärungsflug im Juni 1944 flog er eine Lockheed F-5, die er nicht mochte, obwohl sie wendiger und schneller war als die Flugzeuge, die er vorher geflogen hatte. Zudem wich er weit von der vorgesehenen Route ab, wohl weil er eigenmächtig Aufklärungsfotos von Marseille machen wollte, um – wie man sagt – seine weitere Verwendung bei der Luftwaffe zu sichern. Saint-Exupéry, der seine Frau verlassen hatte und den Schuldgefühle umtrieben, hatte nämlich 1943 eine Bruchlandung (altersbedingt, Drogen?) hingelegt und wurde vorläufig ausgemustert. Das schmerzte alles so sehr, dass sein Wagemut exaltierte, und der ‚kleine Prinz‘ nunmehr – mit 44 Jahren viel zu früh – zu seinem Asteroiden zurückkehrte.

Hätte er nicht noch der große Poet werden können? Vorbild für die Jugend als Pilot und Abenteurer, aber vor allem als humanitärer Denker? Solche Menschen würde man doch dringend brauchen, Weisheitssucher, die schreiben und in der Wüste meditieren (nach Notlandungen) und sich um die Hilfe vieler anderer Menschen kümmern (Saint-Exupéry hat - was auch für ihn gefährlich war - viele Piloten in Marokko in den zwanziger Jahren gerettet, die in der Wüste notlanden mussten). Wir bräuchten Heiler, deren Schicksalslogo ENS-CIS-NOM wäre oder irgendein ähnlicher Wort-Bild-Knoten, der das Letzte aus einem herausholt und einen damit zähmt, aber auch zur Wahrheits- und Weisheitssuche stimuliert.

5. Das Gehirn des Odysseus

Die Geschichte des Odysseus eignet sich besonders gut um ein anschauliches Bild hinsichtlich des Sinns von Wahrheit und Sein, Bild- und Wort-Wirkendem und was sonst noch allem zu zeichnen. Denn auch diese Geschichte wird von *Formel-* und *Pass-Wort* durchzogen, von so etwas also wie ich es als akustische Rune oder ‚ultrareduzierten Phrase' und als das Oszillieren von Blick- und Angeblickt Sein bezeichnet habe, die die Wichtigkeit dieser Grundstruktur von Bild- und Wortbezogenem, *Strahlt / Spricht* zeigen. Bekanntlich war Helena, die Tochter des Tyndareos im mykenischen Zeitalter die schönste und faszinierendste Frau Griechenlands. Auch Odysseus soll – wie viele andere Freier - um sie geworben haben, rechnete sich jedoch selbst keine großen Chancen aus. Klug wie er war, nutzte er jedoch seine Bekanntschaft bei Tyndareos zu einem Deal.

Egal wen Helena heiraten würde, es würde stets ein Problem- und Konfliktfall um ihre Faszination herum existieren, und so sollte man alle Freier dazu verdonnern, sich im Notfall dafür einzusetzen, einen derartigen Konflikt zu lösen, riet Odysseus. Im Gegenzug für diesen Rat und dessen Umsetzung in einem gemeinsamen Schwur der Freier, setzte sich Tyndareos bei seinem Bruder Ikarios dafür ein, dass Odysseus dessen Tochter Penelope, eine Cousine Helenas, zur Frau bekam. Auch sie gehörte noch zu den Stars der ersten Riege im damaligen Griechenland. Wenn schon nicht Helena, die als der absolute Superstar wahrscheinlich nur besonders zickig und anspruchsvoll war, dann doch besser die zweite aus diesem Kreis der Luxusgeschöpfe, die wenigstens als normal gelten konnte.

Dieser Deal, dieser Schwur und dieses Ehegelöbnis mit der Cousine Helenas steht von Anfang an wie ein Schicksalsspruch, wie ein vertraglicher Pakt, eine gewichtige Headline über dem Beginn von Odysseus Leben und seiner Beziehung zu Frauen. Solch ein Spruch ist kein Fluch, lastet aber doch wie eine ernsthafte Verpflichtung, wie ein mahnendes Epigramm über dem Ganzen. Mythisch drückt der besiegelte Pakt die gleiche Verantwortung und Belastung aus, von der Lacan meinte, dass am Anfang der psychischen Entwicklung des Menschen ein grundsätzlicher Mangel besteht, nicht nur eine Null, sondern sogar eine Minus-Eins, ein beunruhigendes Defizit. Dies hängt mit der schon biologisch zu frühzeitigen Geburt (Neotenie) des Menschen zusammen, aber auch mit dem Gewicht der Sprache, die zwischen Mutter und Kind noch ungleich verteilt ist und so den Mangel an wirklichem Identitätsaustausch charakterisiert und eine Art Ur-Verdrängung in jedem Menschen erzeugt.

So schwebt über jedem Kindesleben ein derartiges Epigramm, egal ob es aus den Informationen der Gene oder dem unbewussten seelischen Erbe besteht. „Es erben sich Gesetz und Rechte wie eine ew'ge Krankheit fort, sie schleppen von Geschlecht sich zum Geschlechte", dichtete schon Goethe. Und was man früher die ‚Erbsünde' nannte, ist auch nichts anderes als die Verschiebung dieses Epigramms in den religiösen Bereich, den Freud für die heutige Zeit als ein Stück abgespaltener Psyche, eben als Ur-Verdrängtes klassifizieren konnte. Odysseus' Leben war also mit dem Schicksalsspruch des oben bezeichneten Deals behaftet, dieser Spruch war sein Logo, seine Neurosenstruktur, und nun musste er sehen, wie er dies in ein geeignetes *Pass-Wort* verwandeln könnte, noch ohne.so etwas wie ein *Formel-Wort* zur Verfügung zu haben. Der italienische Schriftsteller A. Moravia hat einen Versuch im Sinne einer psychoanalytischen Interpretation – zumindest nannte er es so – von Odysseus und Penelopes Eheleben gegeben und sich so ebenfalls bemüht, das Motto, das Schicksalslogo von der Beziehung von Odysseus und Penelope zu entschlüsseln. In seinem Buch ‚Die Verachtung' stellt er eine Parallelität der Beziehung der filmischen Hauptprotagonisten des Romans, Ricardo und dessen Frau Emilia, mit der von Odysseus und Penelope dar.

Ricardo soll ein Drehbuch über die beiden antiken Eheleute schreiben, endlich, denn bisher hat der Drehbuchautor im Leben nicht viel erreicht. Doch der deutsche Regisseur, der den Film über Odysseus und Penelope schließlich drehen soll, will eine andere Geschichte als die des Helden Odysseus und seiner bis zum Geht-Nicht-Mehr treuen Frau und behauptet Folgendes: Auch bei Penelopes Verheiratung habe es schon die vielen Freier gegeben, von denen einige auch später noch, nach Odysseus Rückkehr von Troja, eine große Rolle spielten sollten. Penelope sei nach anfänglich positiver Ehe schon sehr bald verärgert gewesen über die Art, wie Odysseus mit diesen frühen und nach der Hochzeit verbliebenen Freiern umging. Odysseus hätte sie gewähren lassen, hätte nicht Stellung gegen sie genommen, hätte sie wachsweich und halbherzig behandelt und nicht aus seinem Bereich vertrieben. Im Gegenteil, er hätte geglaubt ständig nur zeigen zu müssen, wie großartig es sei, dass er den Intellektuellen und eigentlich Zivilisierten repräsentiere, während Penelope noch im ursprünglich Affektvollen der geschlossenen griechischen Agrar-Gesellschaft zurückgeblieben wäre.

Penelope hätte nun mehr und mehr ihren arroganten und eitlen Lebenspartner zu verachten begonnen, beschreibt Moravia die Auffassung des deutschen Regisseurs. Sie, die sich selbst als die gefühlvolle und ihrer Cousine Helena nicht nachstehende Frau einschätzte, hätte Odysseus zunehmend abgelehnt. Schließlich – so sollte Ricardo schreiben - würde es aber Odysseus nicht mehr zu Hause ausgehalten haben. Er nahm daher gerne die Gelegenheit wahr nach Troja in den Krieg zu ziehen. Und nach Beendigung desselben – so der Regisseur in Moravias Buch – habe es keine zehn Jahre lange Irrfahrt gegeben, sondern Odysseus hätte die endgültige Rückkehr immer wieder aufgeschoben, um sich mit anderen Frauen vergnügen zu können. Er habe sich vielleicht für edel gehalten, sei aber unbewusst immer wieder der ‚ehelichen Abneigung', die auf seiner Beziehung zu Penelope wie ein Fluch lastete, verfallen. Schließlich habe er sich aber stets überwunden und dann doch die Heimkehr angetreten, habe die Freier verjagt und Penelopes Vertrauen wiedergefunden.

In Moravias Roman erkennt nunmehr der Protagonist und Drehbuchautor Ricardo, dass diese Version des antiken Dramas seine eigene Beziehung zu seiner Ehefrau Emilia wiederspiegelt. Obwohl er sich bis zuletzt an das Helden- und Treue-Genre der antiken Odysseus-Sage klammert und seine eigene Ehe für ähnlich edelmütig hält, weist ihn Emilia genauso zurück und verlässt ihn wie Penelope Odysseus in Moravias Roman – allerdings endgültig. Nun könnte man sagen, dass die eigentliche, übergeordnete Wahrheit der Geschichte wahrscheinlich irgendwo zwischen der antiken und der modernen Version liegt. Weder war Odysseus der große Held, als der er immer überliefert wurde, noch litt er unter einem ‚ehelichen Abneigungskomplex', wie Moravia es versucht uns mit seinen Romanprotagonisten weis zu machen. Aber wer war er dann wirklich? Und was wollte Moravia eigentlich sagen?

Auch die bekannten Soziologen T. Adorno und M. Horkheimer haben in ihrem Hauptwerk ein Kapitel über Odysseus geschrieben.[47] Auch sie sind der Meinung, dass Odysseus nicht der alleskönnende Heros war, sondern eher der zivilisatorisch fortschrittliche neue Grieche, der Aufklärung und Rationalität der veralteten magisch-mythisch denkenden Landbevölkerung entgegensetzen wollte. Er war ein Bürger, ein Bourgeois. Und nicht aus ehelicher Abneigung wie Moravia dichtete, lässt er sich auf das Liebesabenteuer mit Kirke, der femme fatal auf der Insel Aiaia ein. Vielmehr, so schreiben Adorno / Horkheimer, hat Odysseus sein Verfallensein an die Schwächen des Fleisches akzeptiert und nicht versucht, in heldischer Manier über allem zu stehen. Er hat den modernen Kompromiss über die antiquierte Tradition gestellt und könnte somit als der Aufklärer der Antike gelten. Er fand einen Kompromiss zwischen Triebverzicht und ausgelebter Trieblust, sozusagen ein Vorgriff auf die Freud'sche Psychoanalyse.

---

[47] Horkheimer, M., Adorno, T., Dialektik der Aufklärung, Fischer (2003) S. 66

Nur aus diesen Gründen einer sozialen Modernisierung
geht Odysseus der Versuchung und den Lockgesängen der
Frauen nach, fährt tatsächlich an der Insel der Sirenen vorbei, will sich sogar voll bewusst ihren verführerischen musikalischen Künsten aussetzen. Dazu wendet er das an, was
– so Adorno / Horkheimer weiterhin – man eine ‚List‘ nennen kann, die sie als den ‚rational gewordenen Trotz‘ bezeichnen. Odysseus trotzt nicht mehr seinen Ahnen, er ist
der infantile und doch progressive Held, er lässt sich an den
Schiffsmast fesseln und den Ruderern die Ohren verstop-
fen. Er versucht auf diese Weise – wie die beiden Sozio-
logieprofessoren meinen – die frühere, magisch mythische
Art der ‚Aufklärung‘, die immer gleich mit dem Tod han-
tierte, in die neue, beginnend rationale der griechischen
Staatsräson zu verwandeln. Odysseus will die „erfüllte Zeit
und nicht die zu einer leeren Dauer hingedehnte Zeit ohne
Anfang und Ende.“[51] Er will nicht den Tod, aber dessen Erfahrung, was kein Widerspruch sein muss. Oder war Odysseus vielleicht doch eine schillernde Persönlichkeit?

Der Philosoph G. Figal sieht dies alles nämlich etwas anders. Er meint, dass Adorno/Horkheimers Studie ‚mittel-
mäßig‘ sei. In keinster Weise sei Odysseus dem Sirenenge-
sang verfallen, der angeblich die animalische Naturseite
des Menschen charakterisieren würde und der in Odysseus
Befehl sich an den Mast fesseln zu lassen, den modernen
Rationalisten sieht. Es bedarf vielmehr eines Dritten Be-
reichs, den Figal die ‚authentische Lebensform‘ nennt.
Odysseus sieht ganz klar auf der Insel der Sirenen die Lei-
chenberge der den primitiven Lüsten verfallenen Männer.
Was ihn fasziniert und wo er sich von seinen Fesseln los-
reißen wollte, besteht vielmehr in dem Versprechen, das

die Sirenen geben: die Allwissenheit, die sie vermitteln könnten. In ihr geht es um das Wissen des Unbewussten, des Schicksals-Logos, von dem nur die eine Seite logische Fixierung ist; die andere ist die kreative, die ich schon beim Psychoanalytiker Leikert erwähnte, und mit der sich Odysseus für immer hätte befreien können und vielleicht auch konnte.

Mehrere Absätze widmen Adorno / Horkheimer der Beziehung von Kirke und Odysseus. Bekanntlich verwandelte Kirke alle ihre Besucher in Tiere und Odysseus' Gefährten in Schweine. Psychologisch gesagt, sie zeigte ihnen ihre ‚Triebschicksale', wie Freud dies hieß, indem der Mensch vom Schicksalslogo seiner Triebe gesteuert wird. Die Gefährten hatten nur niedrige sexuelle Phantasien im Kopf. Sie glaubten – so wie es die heutigen Sexualtherapeuten auch tun – dass man sich gegenseitig möglichst alle sexuellen Wünsche und Vorstellungen erzählen soll, damit jeder den anderen so behandelt, wie dieser es ausleben möchte. Diese albernen Sexisten durchschaute Kirke sofort und ließ sie das sein, was sie ohnehin schon waren: Schweine eben. Aber Odysseus war nicht so dumm. Er wusste, dass er der Gewinner sein musste, und dass man dazu wie ein Psychoanalytiker am besten nichts beansprucht, nichts vordergründig begehrt, nichts sichtbar wünscht und will, sondern – wie bei den Sirenen - nur zuhört und das Gehörte interpretiert. Der Psychoanalytiker muss das Symptom, an dem die Menschen psychisch leiden, als zu hörendes Schicksals-Logo auf sich nehmen[48]

---

[48] Lacan, J., Seminar XXIII, Lacan Archiv, S. 142

und es mit seinem Patienten zusammen umformen, in eine verbesserte Form umformulieren.

Und so gelingt es Kirke bei Odysseus nicht, ihn auf animalische Instinkte zu reduzieren. Doch heißt dies noch lange nicht, dass sie sich auf ein „inter-hot", ganz im Sinne des wahren ‚intercourse' mit ihm eingelassen hätte. Hier kommt vielmehr der vom Regisseur in Moravias Roman behauptete arrogante Intellekt und die Coolness von Odysseus zum Zug. Das fordert Kirke heraus und so wird sie selbst tätig. Aber dass Odysseus selbst die aktiven Verführungen Kirkes noch geschickt und zärtlich zurückwies, hat es ihm letztendlich dann doch ermöglicht, sich mit ihr zu vereinen. Denn diejenigen, die ihren Reizen gleich verfielen, waren doch wie bei der Sphinx im Ödipusdrama dem Tode geweiht. Diese Chance wollte Odysseus Kirke nicht geben. Er blieb cool bis zum letzten Akt, den er für sich siegreich gestaltete, indem er sie – inter-hot, *interstehend*, zur Bittstellerin machte: er möge doch bitte, bitte, bleiben.

Ganz anders verhielt sich der Held allerdings bei Kalypso. Die ‚hehre' und ‚schöngelockte' Nymphe hat es ihm angetan und hier war Odysseus anscheinend selbst grenzenlos verliebt. Auf jeden Fall stellt ihn der Romancier M. Köhlmeier übertragen in moderne Verhältnisse und in literarisch recht seichter Form so dar.[49] Ich denke jedoch, dass Odysseus es hier aufgegeben hatte, sein Schicksalslogo total ändern zu müssen. Dieses Logo bestand nämlich nicht nur in der Ausgangssituation mit dem Deal Helena / Penelope. Dass Odysseus Helena nicht bekam, hatte er bei Kalypso

---

[49] Köhlmeier, M., Kalypso, Piper (1997)

noch nicht verwunden. Diese Mischung aus Neid und Eifersucht hat ihn schließlich bei der reizvollen Nymphe schwach werden und gleich sieben Jahre seiner besten Zeit vertrödeln lassen. Odysseus mag es nicht so genau gewusst haben wie bestimmend sein Neid für sein Leben war. Vielleicht hat er ahnungsvolle Kenntnis davon gehabt, dass solch ein Schicksalswort in ihm steckte, das vielleicht mit dem ,ultrareduzierten' Begriff ,rationaler Trotz' etwas abgemildert würde, so dass er letztendlich dann doch zu Penelope zurückkehrte. Hätte er meditieren können, wäre es möglicherweise schon früher zur endgültigen Heimfahrt – nicht nur nach Ithaka, sondern auch zu sich selbst, zum *Anderen* seiner selbst – gekommen.

Einen ganz anderen Aspekt beschreibt der bekannte Schriftsteller A. Döblin in seinem Essay ,Gespräche mit Kalypso'. Döblin übt sich in diesem Buch als Musiktheoretiker und lässt Kalypso von der Festmusik schwärmen, die „das Meer singt. Es sind die Töne des Meeres, die herüberkommen." Das passt zu ihr, der liebestollen Meeresgöttin, die ihren Geliebten, der doch so viele und interessante Abenteuergeschichten zu erzählen hat, für ewig festhalten will. Döblin lässt die Gehirne der beiden über Musiktheorie delirieren,[50] denn statt Musik und Sternenhimmel wird auch gerne das Gehirn dazu bemüht, Repräsentant des elementar Bild- und Wort-Wirkenden zu sein, und so versucht Döblin seine Kalypso Studie auch mit Theorien über Gehirn und Gedächtnis zu verbinden. Döblin war Nervenarzt und schrieb auch darüber ein Buch. Das leitet über zur neuro-

---

[50] Döblin, A., Gespräche mit Kalypso, Walter Literarium (1980)

wissenschaftlichen Betrachtung von Odysseus Leben und seiner Beziehung zu Kalypso.

Döblin benutzt zwar nicht den Begriff der ‚Verschränkung‘, aber im Grunde genommen geht es ihm um die Verbindung der Unbestimmtheit der Seele mit der des Gehirns sowie der Ausbildung des Gedächtnisses. Anfang des zwanzigsten Jahrhunderts war man von der Neurologie fasziniert. In den letzten dreißig Jahren sind zahlreiche Veröffentlichungen über das gleiche Thema (Psyche und Gehirn) erschienen. Die Seele war jetzt auf einmal ein neuronales Netz. Ich muss darauf nicht groß eingehen, denn sie haben alle die Tendenz, dass es das Gehirn ist, das die Psyche macht. Somit steht wohl auch das neueste Werk des bekannten Hirnforschers G. Roth ganz im Gegensatz zu der Geschichte von Odysseus als dem mit einem Schicksalslogo behafteten und ringenden Helden wie ihn Homer besungen hat.

Roth postuliert sechs `psychoneuronale Systeme´ (stressverarbeitend, intern beruhigend, intern bewertend und belohnend, impulshemmend, bindungssystemisch und das System des Realitätssinns und der Risikobewertung) und vier entsprechende, mehr oder weniger hierarchische `Ebenen´ (untere limbische, lebenserhaltende Ebene, mittlere limbische emotionsbezogene Ebene, obere limbische Ebene bewusster Gefühle und Motive und die kognitiv sprachliche Ebene).[51] Nichts charakterisiert deutlicher, dass schon al-

---

[51] Roth, G., Wie das Gehirn die Seele macht, Klett-Cotta (2014). Ich erwähne nur nebenbei die Bücher von S. Pinker, A. Damasio, E. Kandel, O. Turnbull, Dennett, D. C. und andere, da sie alle eine ähnliche Vorgehensweise haben.

lein die Aufzählung dieser Systeme uns zur komplexen psychoneuronalen Maschine macht. Dennoch – meint Roth sogar – könnten wir mit Psychotherapie in diesem Zusammenspiel auch ein klein bisschen etwas ändern. Homer hätte sich im Grabe umgedreht, wenn er dies gelesen hätte. Denn, das darf ich schon im Voraus sagen: Die Seele des Odysseus ist noch nicht von dem, was ich bisher geschrieben habe, genügend erfasst. Er war vorwiegend der Klang, der Gesang, die Melodie der Homerischen Hexameter, und nur so konnte er auch Kalypso und seinen eigenen Neid besiegen, beides mit ihren Waffen.

Damit bin ich wieder bei S. Leikert und seinem ‚rhythmisch kreativen‘ Unbewussten, das ich dem Bild-Wirkenden, dem Es *Strahlt* zuordne, und das auch aus der Dichtung Homers und ihrer Prosodie herausleuchtet. Allein der Zorn (μηνις) des Achilleus überstahlt das ganze Werk der Ilias. So etwas können Roths ‚psychoneuronale Systeme‘ nicht erklären und vermitteln. Letztlich will ich jedoch gar nicht auf eine spezielle Kritik an all diesen Neurowissenschaftlern hinaus. Für mich liegt das Hauptproblem darin, wie Hirnforscher bezüglich ihrer Gehirnbilder (bildbezogen) die symbolische Ordnung (wortbezogen) benutzen. Denn wenn die Geschichte von Odysseus so anders klingt, dann deswegen, weil bei ihm ganz oben im Gehirn (und für ihn und Homer sogar noch darüber) die Götter wohnten. Sie sind es – speziell der Olympier Zeus – die Odysseus gefährlich unbestimmt gezeigt haben, wie man mit den Frauen umgeht. Der Göttervater war promisk.

Für G. Roth dagegen sind Gehirnareale mit den sprachlich-kognitiven Vorgängen „befasst" (vor allem im Frontalhirn).

Es sind nicht wir, die denken, sondern Es. Nun ist dies gar nicht so weit von psychoanalytischen Vorstellungen entfernt, wenn auch befremdlich ausgedrückt. Freud konzipierte ja auch „unbewusste Gedanken", aber das Es, das eigentlich Unbewusste, denkt, urteilt und kalkuliert nicht, aber Es weiß, sagt er. Dieses Es war hauptsächlich durch libidinöse Vorgänge, durch das autochthone Genießen geprägt, was Lacan folgend dem „*Signifikanten* des Wissens" zugehört, also diesem *Anderen*, insofern Es/Er weiß. Im Mythos von Odysseus wurde den Göttern (vor allem Poseidon und Athene als die zwei Gegenspieler) das Wissen zugeschoben, was mit ihm geschehen sollte. Aber die Götter waren auch die *Herrensignifikanten*, die Bestimmer, die Schicksalsrauner. Hier trifft man sich wieder mit den sprachlich-kognitiven Gehirnarealen. Trotzdem, wo bleibt der wirkliche Odysseus?

Ich denke, dass die Psychoanalyse mit ihrer Libido, ihrer ‚genießenden Substanz' eine eigene Wissenschaft ist, in der die Grundkräfte des Wort- und Bildbezogenen am besten in eine sinnvolle und wirksame Kombination gebracht worden sind. Die Natur- und die Geisteswissenschaftler alleine können ein solches Zusammenwirken nicht mehr herstellen, sie leben in dem jeweils für sie eigenen und vom anderen isolierten Bereich. Deswegen kann es so reichhaltig und interessant sein, sich mit dem Leben, den Erfahrungen und den Gedanken des Odysseus mitsamt Homers Rhythmik und plastischer Wortwahl zu beschäftigen, denn nur hier wird diese Dissonanz und Unfähigkeit der Natur- und Geistes-Wissenschaften sichtbar. So lässt sich psychoanalytisch klar sagen, dass zwar eine Schicksalsrune den Anfang von Odysseus Leben bestimmt hat, er aber wohl auch eine

Heilsrune, ein letztliches Erfolgsepigramm entwickeln konnte, das in Homers Hymnen bis heute triumphiert.

Das unbewusste, bildhafte Wissen ist symbolisch, worthaft mitstrukturiert, wir müssen es als Schatz mit Hilfe beider Prinzipien in uns heben, wir könnten es uns so bewusst machen und uns bereichern. All dies ist also nicht darauf angelegt, dass wir maschinell wie der Neuronen Apparat reagieren, sondern kreativ fortschreiten sollen. Denn nicht nur bei Kalypso hat das Schicksalslogo des Archaiers Regie geführt. Sein Gehirn hat die strategischen und erotischen Abenteuer nur begleitet. Das Gehirn des Odysseus hätte sicherlich in der funktionellen Magnetresonanztomographie viele Anreicherungen im hypothalamischen Bereich gezeigt, aber hätte dies etwas über ihn und sein Logo ausgesagt?

Kalypso gegenüber musste Odysseus zugeben, dass sie an ‚Wuchs und Bildung‘ Penelope weit übertraf. Zudem hätte er bei ihr unsterblich sein können, aber irgendeine antike Wissenschafts- und Heimatsehnsucht trieb ihn fort. Hier sieht man am besten die massiven Grenzen der Neurowissenschaften. Ithaka muss für Odysseus so etwas gewesen sein wie es Tara für Scarlett O'Hara in M. Mitchels Roman 'Vom Winde verweht' gewesen ist. Ein Hängenbleiben an Mutter Erde so wie es auch aus dem Schicksalslogo ‚Rosebud‘ in Orson Welles weltbekanntem Film ‚Citizen Kane‘ herausklingt. ‚Rosebud‘ sollte sowohl Kanes wie Orson Welles gestohlene Kindheit in Form einer frühen Trennung von der Mutter symbolisieren. Beide haben sie umständliche Abenteuer bestehen müssen, weil sie kein Verfahren zur Verfügung hatten, das Kindheitstrauma zu bewältigen, das darin besteht, dass das Begehren nach der Mutterimago endlos ist.[52]

Vielleicht waren es also wirklich nicht mehr die Frauen, auch Penelope nicht, die ihn zur Rückkehr bewegten, sondern Ithaka, seine weizenglühenden Felder, seine knorrigen Olivenbäume und die vielfach gekrümmten Weinstöcke. Das alles gehört genauso zum Trieb-Schicksals-Logo wie die Tatsache, dass der Jonglierer Odysseus den Womanizer, der er gar nicht war, ständig nur spielen musste. Denn Helena bestimmte nicht sein Schicksal sondern war nur die narzisstische Schickse, die Diva, die ihre Allüren ausspielte und ihn an das Hexen-Feen-Bild der frühen Mutter-Imago erinnerte. Er selbst war ein hausbackener Bürgerlicher, der gerne in seinem Königreich in Ithaka geblieben und nicht in den Krieg gegen Troja gezogen wäre. Dies beweist sich durch die Geschichte, dass er den Geisteskranken markierte, als man ihn an den Schwur zugunsten von Menelaos erinnerte und zum Kriegszug rief. Erst als jemand von der Menelaospartei sein Spiel durchschaute, blieb ihm nichts anders übrig, als mitzugehen.

Man muss Homers Odysse im Original lesen, die ersten Zeilen mit dem ‚andra moi ennepe musa' oder die über Odysseus in der Ilias, laut und im Rhythmus der Hexameter (sechs Betonungen, markiert, pro Zeile):

Pos an epeit Odysses ego deioio lathoimen,
Ou peri men prophron kradie kai thymos agenor
En patesi ponoisi, philei de e Pallas Athene

---

[52] Es geht um das im tiefsten Unbewussten verborgene Verschmelzungsphantasma, das man in allen Analysen als Hintergrund vermuten darf.

(Wie vergäße ich dann des göttergleichen Odysseus, der entschlossenen Mutes, das Herz voll freudiger Kühnheit, steht in jeder Gefahr, denn es liebt ihn Pallas Athene). Die Erschütterung der Phoneme, der archaische Klang der Silben, das Donnernde, Tragische, Lustvolle, Taumelnde, stammelnd Pathetische – all das ist Odysseus und nichts sonst.

Dagegen wollen uns die Psychiater und Neurowissenschaftler vormachen, dass wir nur zwischen den verschiedenen Zentren im Kopf hin- und herschwanken und uns auf diese Weise mal verspannen, mal entspannen, mal denken oder nicht denken. So sollen die Amygdala (Mandelkerne im limbischen bzw. Emotionssystem) zwischen Panik / Verteidigung und Furcht / Vermeidungs-System vermitteln, als wäre der Mensch ein Tier oder ein Roboter. Ich sage daher nochmals, wir reagieren nicht, sondern handeln mal mehr emotional, mal mehr rational, mal rhythmisch, mal syntaktisch und sollten dies möglichst kreativ gestalten wie es auch Odysseus getan hat. Das einzige, was uns bestimmt, ist das Bild- und Wort-Wirkende, die frühen und elementaren Symbolisierungsmöglichkeiten, der ‚linguistische Kristall‘, den wir in der frühen Kindheit mitbekommen haben und den wir so gut es geht intra-interaktiv optimieren sollten.

Das Bewusstsein und das Seelische liegen in erster Linie nicht im Gehirn, sondern im Konnex und Kontext, in dem das Lebewesen mit seiner Umwelt und anderen Lebewesen in Beziehung steht und dynamisch interagiert.[53] Dieser

---

[53] Noë, A., Du bist nicht dein Gehirn, Piper (2010)

Konnex / Kontext ereignet sich also eher in einer Art von typographischem Hyperraum, zu dem das Gehirn wahrscheinlich keine intensivere und komplexere Beziehung hat als ein einfacher dreidimensionaler Gegenstand, den wir lieben. Wir sind es selbst, die das Gehirn steuern und unsere Seele könnte das Gehirn zu dem machen, als was wir es im idealeren Sinne brauchen. Dabei ist kein Zweifel, dass die Gehirnforscher Richtiges sagen, sie sagen es nur nicht gut und umfassend genug. Kein Wunder, sie sind selbst in dem ihnen geläufigen psychiatrischen sogenannten ‚Dreiländereck‘ (Amygdala, Hippocampus und Locus coeruleus) gefangen (Abbildung nebenan und Begriff von D. Braus aus seinem Buch ‚Blick ins Gehirn‘). Dabei brauchen sich die Neurowissenschaftler nicht ins Irrenhaus zurückzuziehen wie die Physiker in Dürrenmatts gleichnamigen Stück, denn sie sind ja dort schon zu Hause.

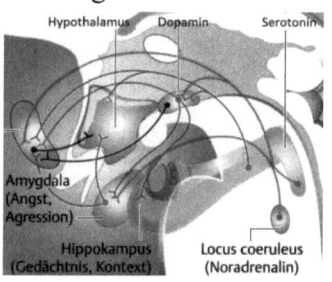

Die Physiker ziehen sich aus nicht ganz unlogischen Gründen in die Klapsmühle zurück, sie haben nämlich Angst, die Weltformel könnte ihnen entwendet oder falsch genutzt werden. Doch sie lassen sich dann von der Chefärztin dominieren, die die einzig wirklich Verrückte ist und die mit der Weltformel der Physiker die globale Herrschaft antreten will. Um letztendlich nicht unter die Fuchtel einer derartigen Chefärztin zu geraten, müssten die Neurowissenschaftler versuchen unter die Domäne der Symbol-, der Sprach-, der *Signifikanten*-Ordnung, also noch eine Schicht tiefer zu gelangen. Sie haben jedoch Angst, sie müssten sich selbst zeigen, als schlichte Subjekte, sozusagen neuro-psychisch nackt. Doch sie vergraben sich lieber in die Neu-ronen Verschaltungen des Gehirns, die angeblich neutral sind, und so versuchen sie – anders als bei Dürrenmatt – die Welt selbst zum Irrenhaus zu machen.

Sublimationen[54]

6. Intra- und Interstehen

In jeder Meditation findet ‚Verschränkung' statt, denn Wort- und Bild-Wirkendes durchwinden, verschränken sich und haben z. B. so etwas wie das ‚inter-hot' gebildet. Und auch das Wesen der *Formel-Worte* besteht ganz speziell in einer derartigen Verschränkung, indem mitten in den Silben sich die Bedeutungen überlappen und verschränken. Exakt dadurch gelingt es mit den Übungen der *Analytischen Psychokatharsis* einen inter- (und wie ich noch beschreiben werde) auch intra-aktiven Zustand zu erreichen, in dem man direkt mit dem Unbewussten selbst, mit dem Hort der *Signifikanten*, mit dem *Strahlt* des *Anderen* als solchen, *Spricht*. Besser kann man sich nicht geborgen und aufgehoben fühlen. Aber wie steht es mit der Wissenschaftlichkeit? Wie ich erklärte, kommt das Wort ‚Verschränkung' und der etwa gleichwertige Begriff der Komplementarität aus der Quantenmechanik von N. Bohr und W. Heisenberg. Das Quant war für diese Physiker das kleinst mögliche und nicht mehr weiter herkömmlich methodisch zu bestimmende Element in der Natur. Man kann Lage und Geschwindigkeit (Impuls) eines Elementarteilchens wie etwa des Elektrons nicht gleichzeitig bestimmen, und so einen kontinuierlichen Energieanstieg dieses Teilchens nicht messen. Nur ein unkontinuierlicher, sprunghafter Zustandswechsel kann pauschal gemessen werden, das Quant;

---

[54] Unter Sublimation versteht man eine Verfeinerung, subtile Verbesserung, Erhöhung, Vergeistigung – hier speziell im psycho-physischen Bereich.

was dazwischen liegt bleibt ‚unbestimmt' (Unschärferelation).

Viele Physiker, einschließlich A. Einstein, hat dies beunruhigt, da damit weiteres Forschen nach der Kausalität im Inneren des Atoms und dieser Quanten Grenzen gesetzt waren. Es hat daher Versuche gegeben (Einstein-Podolsky-Rosen-Experiment), durch andere Apparatur Anwendungen die Komplementaritäs- bzw. ‚Verschränkungs'-Theorie anzugreifen. „Wenn wir die Gegenwart genau kennen, können wir die Zukunft berechnen", meinten sie, aber Heisenberg entgegnete ihnen, „dass hier nicht der Nachsatz, sondern schon die Voraussetzung falsch ist." Es ist eben unmöglich die Gegenwart in all ihren Bestimmungsstücken genau kennenzulernen. Hier gibt es Quantensprünge und nicht linear-kausal zu messende Vorgänge. Die Physik war somit in einer Sackgasse, in der sie bis heute steckt, da sich diese Quantenmechanik Bohrs und Heisenbergs (Theorie des ganz Kleinen) nicht mit der Relativitätstheorie Einsteins (Theorie des ganz Großen) verbinden lässt. Supersymmetrie und Stringtheorien versuchen heute zwar eine Zusammenhangs-Erklärung zu postulieren, scheiterten jedoch in ihrer eigenen Komplexität und Abstraktion.

Auch die Physikerin und Professorin für feministische Philosophie K. Barad, die ich eingangs bereits zitierte, stützt sich in ihren Aussagen zu dem Phänomen der ‚Verschränkung' auf die Komplementaritätstheorie des Physikers N. Bohr und zudem auf den Dekonstruktivismus des Philosophen J. Derrida.[55] Barad bestätigt die Ansicht der Unbe-

---

[55] Barad, K., Verschränkungen, Merve (2015)

stimmtheits- bzw. Unschärferelation noch, indem sie sagt, dass Messinstrument und zu messendes Objekt zwar getrennt, andererseits aber auch vollkommen ‚verschränkt' und ineinander verwoben sind. Aber nicht nur die Objekte verhalten sich komplementär, sondern auch die Messinstrumente untereinander und auch Instrumente und Objekte gegenseitig. Sie kommt dadurch zu einer anderen Auffassung von ‚Fernwirkungen' (Wirkungen auf weit auseinander liegenden Quanten).

Damit verlässt sie zwar eine strengere mathematisch-physikalische Sichtweise. In dieser gilt nämlich, dass eine Einheit (Entität), die in der Physik wirkt, nicht an zwei Punkten zugleich sein kann, sonst bekommt sie eine subjektbezogene, irrationale Form. Der Physiker M. Esfeld meint daher, dass in all diesen Fällen von ‚Fernwirkung' „eine präzise Definition von ‚Messung' gar nicht gegeben wird. Das ist auch nicht möglich. Denn physikalisch gibt es keinen Unterschied zwischen einem Messprozess und einer beliebigen Interaktion. Ferner sind Messgeräte keine natürliche Art von Gegenständen, die in der Natur unabhängig von unseren Interessen vorkommen wie eben Elektronen, Sauerstoffatome, DNA-Sequenzen . . . Vielmehr können beliebige Dinge von Experimentatoren entsprechend ihren Absichten als Messgeräte verwendet werden."

Und weiter: „Wenn man definitive numerische Werte für Eigenschaften makroskopischer Objekte akzeptiert . . . und wenn man die Quantenmechanik als vollständige Beschreibung der mikrophysikalischen Wirklichkeit anerkennt, dann muss man die Möglichkeit des Übergangs zu wohlbestimmten numerischen Werten in die Dynamik einbauen, die man für die Zeitentwicklung von Quantensystemen ansetzt."[56] An genau diesen wohldefinierten numerischen Werten scheiden sich nun die Geister. Barad hält sich meiner Meinung nach nämlich nicht genau daran und ich selbst schwanke ein wenig, was nun wirklich ‚wohldefinierte numerische Werte‘ sind. Hier liegt vielleicht eine zu einseitige mathematische Grundlage vor. Bei Lacans Mathematik, auf die ich mich gerne stütze und in der eine Eins eine Null für eine andere Eins repräsentiert, liegt wahrscheinlich keine Wohldefiniertheit vor. Trotzdem kann man mit ihr gut arbeiten. Denn diese Definition umgeht die Tatsache, dass es bis heute keine wirklich empirische Theorie der ersten ganzen Zahlen gibt, vielleicht sogar in geschickterer Weise, als die herkömmliche Mathematik.

Der Psychoanalytiker als die eine *Eins* ist in gewisser Weise eine Null für den Patienten, dieser zweiten *Eins*, weil dieser nichts von ihm weiß, und anfänglich natürlich auch umgekehrt der Patient die Null repräsentiert, die zu wissen glaubt. Die klärende Herstellung des Null-Eins-Abstandes ist für die Mathematik – und so auch für die Psychoanalyse – seit jeher eine große Leistung! Dieser Abstand ist nicht einfach natur- oder gottgegeben und wohldefiniert. Oder doch? Auch wenn jeder für den anderen – und selbstverständlich nur in gewisser Weise – eine Null repräsentiert, so wird jeder sich doch der Größe, der Bestimmtheit des gegenseitigen Null-Eins-Abstandes zunehmend mehr und mehr gewiss, indem man darüber ständig ernsthaft wissenschaftsbezogen redet, vergleicht, abwägt, ergänzt und deu-

---

[56] Esfeld, M., Das Wesen der Natur, Spektrum der Wissenschaft, 6/11, S. 57

tet und dann damit genau zu zählen anfangen kann. Auch die Mathematiker müssen zuerst sprachlich Axiome und Algorithmen aufstellen, bevor sie rechnen können. Es gibt also tatsächlich zweierlei Einsen.[57]

Beim Lesen von K. Barads Buch hat man den Eindruck, dass vielleicht alles irgendwie stimmt, aber sehr überbordend, zu weit ausufernd und überintellektualisiert sowie mit sehr vielen Fremdworten ausgestattet geschildert wird. Sie verschränkt und dekonstruiert vielleicht zu viel. Denn im Sinne der Unschärfe- Unbestimmtheits-Relation ist ihr zufolge nicht A ist mit B verschränkt, sondern jedes weist bereits in sich selbst eine Unbestimmtheit auf, so dass schließlich nur eine Unbestimmtheit mit der anderen Unbestimmtheit verschränkt ist. Es bestünde keine ‚Interaktivität' zwischen A und B gibt, sondern in jedem der Teile herrscht eine ‚Intraaktivität', die zudem ‚iterativ', also sich ständig wiederholend ist. All dies nennt Barad auch die Raumzeitmaterialisierung. An jedem Ort zu jeder Zeit realisieren sich Raum und Zeit fassbar, fest umrissen, nicht physisch-materiell, sondern materialisiert.[58]

Was Barad fehlt, ist die ‚logische Praxis' Lacans, die ich auch der *Analytischen Psychokatharsis* zugrunde lege und in der jedes menschliche Subjekt den Null-Eins-Abstand und die Verschränkungsart mitbestimmen kann. Trotzdem habe ich ihr Buch mit Interesse gelesen und beziehe mich gerade in diesem Buch von mir auf sie. Denn ganz im Sin-

---

[57] Schon Euklid unterschied ‚monos' von ‚hen', der Ziffer von der Zahl (vereinfacht gesagt).
[58] Die materiale Ursache bei Aristoteles ist nicht die physikalisch materielle, sondern die ding- und objekthafte.

ne ihres Hinterfragens von Realismus, dem sie den Konstruktivismus gegenüberstellt, oder der Objektivität, die sie oft als ‚Verkörperung' verstanden wissen will, zitiert sie J. Grahn hinsichtlich des Verstehens mit folgender Bemerkung: ‚Verstehen zu wollen, zur Basis, zur Wurzel oder zur versteckten Bedeutung vordringen zu wollen, ist das falsche Werkzeug. . . . Vielleicht ist es vielmehr ein *inter*stehen, was wir tun, wenn wir uns auf diese Arbeit einlassen und uns in aktiver Beschäftigung mit ihr vermischen. Statt Bedeutung herauszuziehen, legen wir Bedeutung hinein.'[59] Genau das Wort „*interstehen*" ist es natürlich, das mich fasziniert hat, denn es trifft exakt mit meinem „inter-hot" und mit meinem methodischen, interaktiven Vorgehen zusammen. Klingt ganz stark nach parapsychischer Verschränkung meinerseits.[60]

Aber bemerkenswerter finde ich, dass auch Lacan häufig betont, ein zu gutes Verstehen in der Psychoanalyse sei meist der falsche Weg. Der Patient assoziiert etwas, und der Therapeut versteht dabei den Zusammenhang zu vorschnell oder zu gut, was dem wirklichen Hintergrund der Deutung nur hinderlich ist. Es wird nie genug *interstanden* und interpretiert. In Psychoanalysen geben die Menschen oft ihre Angst nicht her, sondern halten sie im Unbewussten versteckt. Sie agieren nur, sie *interagieren* nicht, und schon gar *interstehen* sie nicht. Der Blick ins Innen und

---

[59] Zitiert nach Grahn, J., Really Reading Gertrude Stein (1989)
[60] Selbst Freud und Lacan haben auf die besondere Resonanz in Kommunikationsprozessen, sei es in fast telepathischer Form oder eben in der Überschneidung der Signifikanten-Ketten.

Oben fehlt und so bleiben sie atomisierte, isolierte Individuen, die unten festsitzen und sich nach außen orientieren.

Genau in diesem Sinne schreibt Byung-Chul Han über die heutige Situation: „Die Atomisierung des Lebens geht mit einer atomistischen Identität einher. Man hat nur sich selbst, das kleine ich. Man nimmt gleichsam radikal ab an Raum und Zeit, ja an Welt, an Mitsein. Die Weltarmut ist eine dyschronische Erscheinung. Sie lässt den Menschen auf seinen kleinen Körper zusammenschrumpfen, den er mit allen Mitteln gesund zu erhalten sucht. Sonst hat man ja gar nichts. Die Gesundheit seines fragilen Körpers ersetzt Welt und Gott. Nichts überdauert den Tod. So fällt es einem heute besonders schwer zu sterben."[61] Man altert also, ohne reif und ohne fertig zu werden und ist schon tot, bevor man stirbt. Man ist sich des aktiven inter-intra Seins (Verschränkt Seins) nie richtig bewusst geworden.

Und somit noch einmal ein Beispiel für das ‚mit sich selbst verschränkt' sein. Eine meiner Patientinnen, die noch gar nicht so lange mit der *Analytischen Psychokatharsis* experimentierte, vernahm innerlich eine Stimme, die sie ihrer eigenen als ehr ähnlich bezeichnete, und die sagte: ‚Ich möchte schlafen'. Nun war es so, dass sie danach wirklich verlangte, aber eben im Gegenteil auch weiter meditieren wollte. In dieser Verschränkung zweier Intentionen mahnte und erinnerte Es sie – und das ist nun typisch für den *Anderen* ihrer selbst, für das intraaktiv Verschränkte – an ihren Schlafwunsch. Sie hatte den Wunsch so weit weggeschoben, verdrängt, dass er ihr anders-herum, in völliger

[61] Byung-Chul Han, Der Duft der Zeit, transcript (2015) S. 7

Kehrtwende, nun vom Unbewussten her selbst lauthaft wieder erscheinen musste. Damit schildere ich nicht die dramatische Verdrängung einer Lebenslügen-Wahrheit, aber doch sichtbar den Mechanismus, der der Psychoanalyse und der *Analytischen Psychokatharsis* mit Verdrängung und Wiederkehr des Verdrängten zu Grunde liegt.

7. Bildtheorie und Malerei

Um also aus der Enge, aus der Isolierung unserer dreidimensionalen Raum-Zeit herauszukommen, genügt es nicht nur zu wissen, dass die Uhren ja nach raum-zeitlichem Standpunkt schneller oder langsamer gehen. Wir müssen die Zeitlosigkeit und Weite direkt erfahren können, was nur möglich ist, wenn wir uns zurückziehen können in die Nichtslosigkeit, in die Levitation des Atems, in die ‚Ultrareduziertheit der Phrasen'. Ich erinnere an die zarten Geräusche der Nacht, die die Träume zu ihren schönen Gespenstergeschichten anregen, und an das Nachlassen eines fernen Großstadtlärms oder an den ‚Klangstrom', die alle die Meditation einleiten können. Es gibt eine Methode (ASMR, Autonomous Sensory Meridian Response), bei der die Leute sich schon mit ganz kleinen und unbedeutenden Geräuschen in euphorisch-kathartische Zustände bringen. Sie laden sich sogar eigene, dafür erstellte Videos herunter, die leichte Kratz, Reibe- oder subtile Knirschgeräusche bei verschiedensten Gelegenheiten zeigen und hören lassen. Sie schicken sich die Aufnahmen auch untereinander zu und tauschen sich darüber aus.

Den das Ganze ist kurios und ein Geräuschfetischismus zugleich. Jede moderne Mutter weiß inzwischen, dass ihr Kleinkind sich bei Gejammer und Unruhe auf eine nahe aufgestellte elektrische Zahnbürste oder ein fernes Motorengeräusch sofort beruhigt. Immerhin ist so ein Geräusch noch näher der Klangkulisse beim Einschlafen in einer fremden Stadt im vierten oder fünften Stockwerk bei offenem Fenster eines Hotels. Die Verkehrsgeräusche, das ferne Geplapper menschlicher Laute und das Flüstern des Windes ergeben die ideale Hörkulisse zur Beruhigung und Meditation. Man greift auf einen Atavismus, auf ein in der frühen Kindheit (Geräusche im Mutterleib?) oder frühen Menschheit (primäre Sprachklang-Geräusche) wesentliches Element der Gegenseitigkeit zurück. Es ist, als führe man eine Unterhaltung mit dem ‚universalen Gemurmel' des Unbewussten, das diesmal tatsächlich sowohl von innen wie auch von außen herkommt.

Die ASMR-Probanden sind aber ständig auf der Suche nach immer anderen, zum Teil recht skurrilen Reizen, was sie eigentlich von dem wesentlichen Anteil des Gemurmels, nämlich dem, der von innen kommt, ablenkt und immer weiter nur in Richtung nach außen hin wegführt. Sie verstehen es nicht auf der Schwelle zwischen innen und außen zu verharren, wo nämlich der beste Autonomous Sensory Meridian Response zu erwarten ist. „Das Zögern ist die Gangart der Schwelle . . Intervalle oder Schwellen . . sind Zonen des Vergessens, des Verlustes, . aber auch der Sehnsucht, der Hoffnung, des Erwartens."[62] Und weiter schreibt der Autor hinsichtlich der heutigen Zeit: „Die Schwellenlosigkeit geht auf den Zwang einer totalen Sicht- und Verfügbarkeitsmachung zurück. Das Dort verschwindet im abstandslosen Nebeneinander der Ereignisse, der Sensationen und Informationen. . . Der Mensch ist nicht mehr ein *Schwellentier*. Schwellen verursachen zwar Leiden und Passion, aber sie *beglücken* auch." Die Meditation ist eine Schwellenwissenschaft.

---

[62] Byung-Chul Han, Der Duft der Zeit, transcrpt (2015) S. S.41 - 43

Das gleiche, was für den Geräuschfetischismus gilt, gilt auch für den Bildfetischismus, der mit dem Bild, der bildhaften Vorstellung, dem Ikonischen oder dem Pixel betrieben wird. Während man vor ca. 300 Jahren nur christliche Bilder, solche der Natur und nur die Gemälde ein paar einzelner Maler zu Gesicht bekam, geht es heute um die milliardenfach häufigere Konfrontation des durch Foto, Fernsehen, Film, Computer, Illustrierte, YouTube etc. unmittelbar Visualisierten. Wir sind fast zwangsläufig Ikon- und Pixelfetischisten geworden, und wissen daher gar nicht mehr, welche Bilder eigentlich maßgeblich für uns sind und welche nicht. Ich werde diesen Sachverhalt ebenfalls noch in Hinblick auf die Meditation betonen. Früher hat man nur auf Christusvisionen gesetzt, heute könnten wir auswählen, was und ob wir wirklich alles sehen wollen, was man uns vorführt. Oder können wir es gar nicht mehr?

Jeder kann und muss selbst entscheiden, welche Bilder er sich anschaut und welche nicht. Es schadet vielleicht nicht, wenn man sich gelegentlich von den zu neunzig Prozent verdummenden TV-Produktionen welche ansieht. Es ist auch nicht sicher, dass gerade die etwas kargen, nicht zu bunten Landschaften die schönsten sind, wenn es auch wahrscheinlich oft so zutrifft. Selber malen oder fotografieren war immer schon ein Ausweg aus der Überflutungsmisere durch die Pixelwelt. Noch mehr natürlich die Meditation, in der das Bildhafte, Bildbezogene auf ein geometrisches, topologisches, musterartiges ‚Es Zeigt‘, Es *Strahlt* reduziert ist. Manche Psychoanalytiker bezeichnen dieses *Strahlt* auch als das ‚Erlebnis-Objekt‘, eine psychische Instanz, die schon vorgeburtlich entsteht und die der kathartischen Erfahrung nahesteht, Bild-Wirkendes per se.

Wann immer man dies in der Meditation erlebt, weiß man sich im Zentrum des Universums, im obersten ‚Herzen‘, im ‚Klangstrom‘, in der ‚Vision des *Anderen*‘ oder in der Freiheit des Wollens. Denn gerade im Dunkel des Nichts, bei dem man sich zuerst im Unten befindet, steigt man zur Höhe auf. Je weniger Bilder, die einen nur festhalten, desto besser. Am geeignetsten ist das Bild, das aus der Rückspiegelung des Blicks zustande kommt, weil es das reinste Bild ist, ein pures *Strahlt*, das simpelste, punktuellste Reale, das es gibt, und das man gut auch als punktuelle ‚Vision‘ beschreiben könnte.[63] Auch hier sind also die Schwellen wichtig, auf denen nur ein Schleier zu sehen ist, ein Nebel, auf dessen Lichtung man wartet oder die schon beschriebene Oszillation von Blicken und Angeblickt Werden, eine Lumineszenz oder Phosphoreszenz. Denn das Wesen des Schönen „ist nicht der augenblickliche Glanz oder Reiz, sondern ein Nachleuchten, eine Phosphoreszenz der Dinge. . . Erst im kontemplativen Verweilen, ja in einer asketischen Zurückhaltung enthüllen die Dinge ihre Schönheit. . Sie besteht aus temporalen Ablagerungen, die phosphoreszieren.“[64] Im Ikon des Bild-Wirkenden.

In Lacans Bildtheorie ist es – wie schon erwähnt – der Punkt, der verdreht, eingewickelt, topologisch verknotet ist und im Zentrum jedes Bildes, das das Subjekt wahrnimmt,

---

[63] Lacans Reales ist gesetzlos, pur, an der Grenze zum Unmöglichen und ohne Riss wie er sagt. Zumindest gilt dies für seine Psychoanalyse und für das Göttliche. Mit der *Analytischen Psychokatharsis* lässt sich das Reale jedoch wenigstens ein bisschen zum Wackeln bringen.
[64] Byung-Chul Han, Der Duft der Zeit, transcript (2015) S. 52

oszilliert, glitzert oder schillert. Die Mystiker und Heiligen früher haben dies in eine Vision, in eine ekstatische Gotteswahrnehmung, in ein Verzückungsbild hochgejubelt. Man kann sich hierzu gut an den Visionen der Heiligen Hildegard von Bingen orientieren, die behauptete, am Jüngsten Tag würden die sonst ja stillstehenden Fixsterne wild durcheinanderwirbeln, um eine neue Ordnung zu finden. Sie treffen sich im Lacanschen Subjekt-oder *Strahlt*-Punkt, der für die Heilige Hildegard der Hauptstern war, der der Königsbraut, mit der sie sich wohl selbst identifizierte.

Dieser Stern ist freilich kein realer Stern am Nachthimmel. Denn dieses meditative, visionäre Wachen „geschieht nicht unter einem bestirnten Himmel," wie M. Blanchot schreibt, sondern unter dem „des Aster" (Desaster), mit dem ich ihn bereits zitierte.[65] Denn auch für die heilige Hildegard war die Rolle der Königsbraut alles andere als einfach. Ihre zu große Nähe zur Mitschwester Richardis, die sie nicht in ein anderes Kloster ziehen lassen wollte und nur unter Zwang dazu bereit war, zeigt, dass es noch einen zweiten Hauptstern gab. Bei Hildegard von Bingen kann man sicher von einer weitgehenden erotischen Selbstsublimation sprechen, einer Katharsis des Schauens, und auch der Gabe eines *Pass-Wortes* (nämlich: Braut Christi), was ihr sicher ermöglichte, das Hauptsternproblem nicht zu einem Desaster werden zu lassen. Sie erreichte – auch dank ihrer Askese – noch große Höhen und weltweite Anerkennung, dennoch ist sie ein gutes Beispiel dafür, dass man den Sternenhim-

---

[65] Blanchot, M., Die Schrift des Desasters, W. Fink-Verlag (2015) S.67

mel wie einen Gegenpart, ein ‚Gegensprechen' durchbrechen muss, um hinter es zu schauen.

Doch für heute sind die Askese, die damals dafür notwendig waren, nicht mehr sinnvoll. Auch ich versuche die *Pass-Worte* mit dem Höhepunkt der Sternenkatharsis, dem ‚ultrasubjektiven' bzw. ‚universellen Klang' zu verbinden, denn das gibt ihnen einen besseren Halt. Damit bin ich bei dem zweiten und wichtigen Teil dieses Buches. Die echte und wahre Antwort, für die die Pixel-zu-Pixel Erfahrung notwendig ist, ist eine Antwort im mehr analytischen Teil der *analytisch-kathartischen* Methode. Wir haben ja gesehen, dass die Antworten die die Esoteriker, Mystiker, Sternenbegeisterten und Musikpsychologen daraus gezogen haben, zwar ein Genießen beinhaltet haben, aber keine ausgesprochene, auch intellektuell zu erfassende Aussage.

Die Pixel-zu-Pixel-Zuordnung, die Stern-zu-Stern-Topologie, die zum Gipfel getriebenen Oszillationen geben uns nur dann eine wirkliche Antwort, wenn wir sie ausreichend psychoanalytisch deuten und hinterfragen können. Bei C. Griscom war das nicht schwierig, bei D. Schreber auch nicht. Die bei den Heiligen ist diese Zuordnung direkter und offensichtlicher wie  es etwa die von Bernini gestaltete Vision der Heiligen Theresa von Adila zeigt (Abbildung oben). Während auch sie selbst die göttliche Braut war, genießt sie selig schmachtend wie ihr ein anderer göttlich Liebender, ein gelockter jünglingshafter Engel, eine Lanze in die Brust stößt, wieder zurückzieht und wieder zustößt, wie sie selber schreibt. Es ist nicht schwer die erotische Oszillation in diesem Vorgang zu sehen, der in Spanien jährlich unter dem Begriff der ‚Transverberation gefeiert wird. Wie bekannt hat die Heilige Therese von Avila später diese Probleme überwunden und mit ihrem Karmeliterorden Großartiges geleistet.

Mit der Geschichte, die im Bild Las Meninas von Velazquez (nächste Seite, Bildauschnitt) steckt, verhält es sich ähnlich, wie M. Foucault und Lacan beschrieben haben. Velazquez hat extrem häufig die kleine Infantin Margerita von Spanien gemalt, so auch hier in ‚Las Meninas‘ in der Mitte mit ihrer Zofe links (Abb. nächste Seite). Hier sind zwar nicht mehr nur die Pixel im Spiel, aber doch die oszillierenden Subjektpunkte. Das Bild besteht in einer komplexen Blick-Verschachtelung. Der Maler malt das Königspaar, das sich also da befindet, von wo aus auch der Betrachter des Bildes in den Raum schaut. Hinten an der Wand ist nämlich im Spiegel das Königspaar zu sehen. Dadurch kaschiert der Maler, dass es ihm eigentlich auf die Infantin ankommt. Er malt nur eine unverfängliche Szene, das Königspaar selber, nutzt aber dieses Bild im Bild dazu aus, ein Gemälde der Infantin zu zeigen.

Damals konnte man nicht einfach ein entzückendes kleines Mädchen vielleicht noch etwas freier als hier gezeigt und in leicht verführerischer Pose malen. Man musste damals – wie Lacan schreibt – „ein Bild im leeren Auge des Königs errichten“. Das soll heißen, dass der König eigentlich für die wahre Kunst blind ist, aber ohne seinen Kontrollblick, ohne seine Zustimmung und seine Zensur, darf kein Bild öffentlich werden. So aber – durch geschickte Spiegel- und

 Platz-Blick-Verkehrungen – wie etwa beim Möbiusband – konnte der Maler das Objekt seiner Schaulust ins Zentrum stellen.

Denn der Oszillationspunkt, der Subjektpunkt, die Pixel-Korrelation seines ihm selbst nicht voll bewussten Begehrens liegt „im Mittelpunkt des Bildes, verborgen unter den Kleidern der Infantin".[66] Das heißt nicht, dass Velazquez pädophil war, auf keinen Fall manifest. Aber eine latente Strebung unbewusster Art in diese Richtung muss es gegeben haben. Sie war ja auch wirklich entzückend, die kleine Margarita, und genau derartige Strebungen sind es, die man beim Patienten in der Psychoanalyse aufspürt, um sie ihm bewusst zu machen. In Freuds Analyse waren es meist verdrängte homosexuelle Regungen. Auch bei sich selbst hatte er diese analysiert und daraus abgeleitet, dass es bei jedem Menschen eine Anlage zu Bi-, Trans oder sonstiger unbewusster Sexualität gibt. Das Bewusstwerden kann zur endgültigen Aufgabe der verdrängten Strebung führen, was den Blick sodann freier macht, den Subjektpunkt differenzierter, und die neurotische Struktur entzerrter.

Dieses befreite Auge, dieser klarere Blick wird dann nicht mehr in die Pixel-zu-Pixel Verstrickungen geraten, sondern lediglich deren Grundlage, das Geometrische, Topologische des grundsätzlichen *Strahlt* selber wahrnehmen und in

---

[66] Lacan, J., Seminair3 XIII, (1965-66) Staferla, S. 242, wozu Lacan Bild- und Blicklinien einzeichnete, die hier nicht wiedergegeben sind.

sich integrieren können. Der Subjektpunkt im Unbewussten hat somit einen Vorteil. Er hat nicht die grelle Farbe wie wenn da, in diesem Subjektpunkt, das Objekt einer Pädophilie oder sonstigen abgewehrten Begehrensstruktur zu sehen ist. Er hat mehr die Farbe des Wassers, durch die man hindurchsehen kann. Denn er ist ja der Punkt des Schautriebs selbst, des *Strahlt*, des Blicks, von dem ich oben sagen konnte, dass er einen angeht, ansieht (die Korrelation von Blicken und Angeblickt Werden). Dadurch ist die Konfrontation mit dem Objekt des Schau-Begehrens entschärft.

D. h. der Blick ist gesenkt. Denn „die lückenlose Sichtbarkeit des Objekts zerstört den Blick. Allein der rhythmische Wechsel von . . Verschleierung und Entschleierung hält den Blick wach. Anders dagegen verhält es sich mit dem kontemplativen Schauen, mit dem Blick also, der verweilt, der sich im Verweilen fast verliert und somit Distanz zum eigenen unwichtigen Ich bekommt. Denn „der Gesichtssinn wahrt Distanz, . . . Ohne Distanz ist keine Mystik möglich."[67] Deswegen ist das Erfahren des *Strahlt* in der *Analytischen Psychokatharsis* kein gewöhnlicher Blick mehr, sondern ein Staunen über die Leerheit, eine Katharsis, ein ‚Durchrieseln' im Körperbild, ja eine Offenbarung des eigentlich Schönen, was I. Kant eine ‚transzendentale Ästhetik' nannte. „Das Schöne ist ein Gegenüber, bei dem jede Form von Anhängigkeit und Zwang verschwindet. Es ist das *Strahlt* in der Form, in der es mit dem ‚Spricht' im Kant'schen Sinne ästhetisch verbunden ist.

---

[67] Byung-Chul Han, Die Errettung des Schönen, Fischer (2016) S. 16, 13 und 68

Dies stellt ja auch eine starke Sublimation dar und ist daher auch eine der Übungen bei der *Analytischen Psychokatharsis*. Wenn ich jetzt nicht weiter die klassische Psychoanalyse favorisiere, so deswegen, weil diese sehr zeitraubend, teuer und umständlich ist, und das Bild-Wirkende nicht voll würdigt. Die physische Gegenwart des Therapeuten, sein Atem und die Geräusche, die er macht, sind manchmal hinderlich, die Gegenübertragungen des Therapeuten oft nicht hilfreich sondern störend. In der *Analytischen Psychokatharsis* dagegen setzt man sich entspannt hin und muss darauf warten, ob sich etwas, das den Charakter dieses *Strahlt* hat, auftaucht. Wie gesagt ist dies im besten Fall eine direkte Körperempfindung wie ‚Durchrieseln‘ oder irgendein anderes, physisch kathartisches Gefühl. Kommen dabei Erinnerungen an die frühe Kindheit ins Spiel, werden die noch verdrängten Komplexe erinnert bzw. gesehen, kann man sich mit ihnen wie in einer klassischen Psychoanalyse auseinandersetzen. Durch die Farbe des Wassers hindurch kann man sich Gedanken dazu machen, aber man wird nicht vom Objekt in einer Weise vereinnahmt, wie dies etwa bei Halluzinationen der Fall ist.[68]

---

[68] In der herkömmlichen Psychoanalyse wird man vom Bild in andere Weise vereinnahmt, und dafür ist dann auch die physische Gegenwart des Analytikers notwendig, damit er in der Übertragungssituation diese Objektposition auf sich nimmt und aus dieser heraus wieder Deutungen geben kann. Ich halte dies jedoch – wie ausgeführt - für umständlicher und langwierig, was auch ihre Konkurrentin, die Verhaltenstherapie ausnutzt. Ich sehe im ‚Durchrieseln‘ sogar das eigentliche Ikon, das mit dem Lacanschen ‚Ding‘ verwandt ist.

In der ersten Übung der *Analytischen Psychokatharsis* sitzt man also in bequemer Haltung, anfänglich am besten mit geschlossenen oder halb geöffneten Augen und achtet dabei darauf, ob sich etwas ‚Zeigt', das den Charakter eines *Strahlt* hat (Helligkeit, Topologie des Körperbildes, ‚Durchrieseln'). Es hat nichts mit dem normalen Sehen oder den Augen zu tun. Es stellt sich von selbst ein und wird begünstigt durch das gleichzeitige, rein gedankliche Wiederholen von bis zu vier oder fünf *Formel-Worten* (langsam, monoton mit ganz kleinen Zwischenpausen). Wird ein genügend kathartischer Zustand erreicht (evtl. nach zehn, zwanzig Minuten) geht man zur zweiten Übung über.

Man benötigt diese leichte schimmerige Helligkeit in uns und die pastellenen Farben der Natur auch außer uns. Das Fahle, Schimmernde in sich wahrzunehmen wird auch in vielen Yoga-Meditationen empfohlen.[69] Der Begriff der „Erleuchtung" wie er im buddhistischen Jargon oft üblich ist, bedeutet nicht das Erlebnis einer Überhelligkeit, epileptischer Lichtaura oder gar einer Blendung. Taucht in der *Analytischen Psychokatharsis* irgendeine *Strahlt*-Erfahrung auf, befindet man sich am Subjektpunkt, doch wird man jetzt nicht von seinem verdrängten Begehren überrollt. Denn die gleichzeitige Wiederholung der *Formel-Worte*

---

[69] Ich zitierte oben bereits Kirpal Singh, der empfahl anfänglich auf ein eher trübes Licht (pale light) zu achten. Man sollte beim Meditieren nicht einfach Licht sehen, sondern eher die schwarze Farbe vor den geschlossenen Augen. Auch hier spielt also die Farbe des Wassers die wichtige Rolle. Wer Licht sehen will, strengt sich nämlich nur an, es kommt aber nur darauf an, sich am Subjektpunkt zu konzentrieren.

stabilisiert einen in einem bewussten, wenn auch eingeengten Zustand. Nunmehr kann man durch das Üben, durch das mentale Wiederholen der oben gezeigten *Formel-Worte* über diese heikle Stelle etwas hinwegtauchen. Man muss diese Stelle nicht erneut verdrängen, im Gegenteil: dort verweilend und die *„Formel-Worte"* übend wird sich – in der zweiten Übung – eine Aussage zu diesem Punkt einstellen.

In dieser zweiten Übung kommt es darauf an, dass sich zu der Erfahrung des *Strahlt* in deren Subjektpunkt oder anderswo ein ,Ton', ein Verlauten, ein *Spricht* einstellt. Jetzt wird das Unbewusste etwas mitteilen, wird es irgendwo die Stimme geben, die das Echo des Körpers wiedergibt, der all die Laute und Bedeutungen, all die Gerüchte und Klänge gespeichert hat. Es wird ein bisschen mehr sein als die Reibegeräusche der ASMR-Probanden. Denn das Unbewusste kann zwar nicht anders, als eine „ultrareduzierte Phrase", einen wie aus der Tiefe aufscheinenden, wie fremden Gedanken herausgeben. So ist es anfangs nicht einfach, diesen Gedanken zu erhaschen, da er wie im Vorbeigehen, wie nachtarockt und oft nur leise sich bemerkbar macht. Aber hat man damit einmal Erfahrung gemacht, wird das Aufsuchen des *Pass-Wortes* immer leichter. Man kann es jedoch nicht erzwingen, oft geht man beim Üben leer aus. Das sollte nicht entmutigen. Dieser ja mehr analytische Teil des Verfahrens ist wichtig, wenn auch viele nicht so großen Wert darauf legen und sich oft mit dem Ergebnis der ersten Übung zufrieden stellen lassen.

Doch früher oder später würde man es bereuen, nicht weit genug gegangen zu sein. Das Auftauchen der *Pass-Worte* ist wie das Erleben eines realen Gesprächs, das einem mehr sagt, als alles äußere Reden. Auch das ist nichts Neues, das ist seit Jahrtausenden bekannt. Nur war es nie so aufs Individuum bezogen vermittelt. Es war stets mehr auf den Clan, auf eine Gruppe gerichtet, während heute das Individuum am Anfang und im Zentrum dieser Vermittlung steht. Und es ist auch logisch, dass das ‚Gegensprechen‘, das Widersträubende des *Anderen*, in dieser zweiten Übung besonders spürbar und gleichzeitig kreativ erfahrbar wird.

„Die Zeit, in der es den *Anderen* gab,“ schreibt erneut der philosophische Warner und Mahner der heutigen digitalisierten Gesellschaft Byung-Cul Han, „ist vorbei. Die Negativität des *Anderen* weicht heute der Positivität des Gleichen. . . Die Wucherung des Gleichen macht die pathologischen Veränderungen aus, die den Sozialkörper befallen.“ Umgekehrt ausgedrückt: „Die Negativität des Anderen, gibt dem Selben Gestalt und Maß. Das Selbe ist nicht identisch mit dem Gleichen. . . Das Selbe hat ein Form, eine innere Sammlung, eine Innerlichkeit, die es dem *Unterschied zum Anderen* verdankt. Das Gleiche dagegen ist formlos.“[70] Auch M. Heidegger formuliert das so: „Das Selbe verbannt jeden Eifer, das Verschiedene immer nur in das Gleiche auszugleichen.“[71] Man muss sich also in der Psychoanalyse wie in der *Analytischen Psychokatharsis* auf ein Ringen um Identität einstellen, ein Ringen um das Wesentlichste.

---

[70] Byung-Chul Han, Die Austreibung des Anderen, Fischer (2016) S. 7
[71] Heidegger, M., Vorträge und Aufsätze (1954) S. 187

8. Sar Bachan

Sar Bachan ist nun nicht schon wieder ein neues ein *Pass-Wort*, das jemand in seinem Inneren aufgeschnappt hat so wie mein „inter-hot". Sar Bachan führt vielmehr in eine von der unsrigen extrem unterschiedlichen Welt. Aber vielleicht passt dieses Logo gerade wegen seiner Andersheit in dieses Buch, in dem ich ja nicht nur von der Astropsychoanalyse, sondern ein wenig auch von Ethno- (und auch Öko-) Psychoanalyse reden will, kurz: vom *Anderen*, wo immer es geht. Es geht um die Welt von Shiv Dayal Singh, einem 1818 in Nordindien geborenen Yogi, der anfänglich siebzehn Jahre in einem abgedunkelten Zimmer meditiert hatte, dann aber das ‚spirituelle' Leben all dieser Sadhus und Wahrheitssucher in Indien erheblich modernisierte. Er drängte nämlich darauf, dass man sich nicht mehr mönchisch zurückziehen, sondern einen bürgerlichen Beruf ergreifen, Familie gründen und darüber hinaus eben auch noch ‚spirituelle' Yogaübungen und ein ökologisch gesundes Ernährungsprogramm absolvieren sollte. In seinem Buch Sar (Wesen) Bachan (Wort) beschreibt er ein sehr umfassendes mystisches System, das uns heutzutage – und vor allem im Westen – äußerst phantasievoll und völlig spekulativ erscheint. Für Indien waren seine Ausführungen jedoch revolutionär und es gibt noch heute viele Epigonen, die seine Übungen praktizieren.

So ist es trotz allem interessant sich mit Shiv Dayal Singh und seinem Sar Bachan zu beschäftigen. Denn er baut ebenso auf dem Wort- und Bild-Wirkendem auf wie es die Psychoanalyse tut und wie es sich auch in anderen Wissenschaften nachweisen lässt, was ich ja argumentativ favorisiere. Sar ist das bild- und lichthafte Wesen, das wieder dem Lacanschen ‚Ding' nahesteht, dem hochgradig Selbstsublimiertem, und bei Bachan geht es genau um das Worthafte der *Signifikanten*, um das ‚universalen Gemurmel'. Und beide sind wiederum die Grundprinzipien, die Kräfte, Triebe, die man in ihrem Wesen aufsuchen, dann aber auch in die Meditation einbringen muss. Um dies zu bewerkstelligen, muss man – schreibt Shiv Dayal Singh – zuerst einmal ‚Simran' üben. ‚Simran' (Wiedererinnern, Wiederholen) bedeutet etwas sehr Ähnliches wie das Wiederholen der *Formel-Worte*, es werden jedoch Sanskrit-Worte bzw. -Namen verwendet, von denen behauptet wird, die trügen die Kraft des Gurus in sich.

Doch was heißt das? Eine ‚spirituelle' Kraft, was soll das sein? Hier handelt es sich wohl um eine mythisch-magische Vorstellung. Der Begriff der Kraft ist viel zu diffus, pauschal und uferlos, als dass man ihn nur als physisch bedingt ansehen könnte. Er wird auch von den Geisteswissenschaften beansprucht, wenn von der Kraft gut argumentierender Gedanken geredet wird. Überhaupt wird ständig in irgendeinem Zusammenhang von Kraft geredet und jedes Mal etwas anderes gemeint. Freud hat zwar geschrieben, dass die Triebe „konstante Kräfte" sind, die sich gleichzeitig jedoch auch „großartig in ihrer Unbestimmtheit" verhalten. Ähnlich spricht man von intellektuellen Kräften, bei denen es sich meist ein hohes Maß an V, Bildung und sprachlicher Kombinationsfähigkeit handelt, also wieder etwas ganz anderes. ‚Spirituelle' Kräfte sind gleich gar nicht zu definieren. Dass derartige Kräfte aber in den Dingen selbst stecken oder – wie es im Yoga oft heißt – direkt vom Guru auf den Schüler ‚übertragen' werden können, kann man in der heutigen modernen Kultur und in den Wissenschaften nicht akzeptieren.

Dagegen beinhalten die *Formel-Worte* eine intellektuell nachvollziehbare linguistische Struktur, die mit der des Unbewussten korreliert und so die geschilderten *Pass-Worte* freisetzen kann. Ich bleibe hier bei dem psychoanalytischen Sinn der Kraft und ihrem Wirken im bildbezogenen Schau- und dem wortbezogenen Sprechtrieb, die ihre ‚Kraft' aus diesem ihnen völlig eigenen Bereich der Freud'schen libidinösen Energie beziehen. Allerdings ist das Wort ‚Energie' hier nicht ideal. Ich schlage daher vor K. Barads Ausdruck von der Raum-Zeit-Verschränkung zu benutzen, so philosophisch und kantianisch er auch klingt. Dabei kann ich leicht dem Raum das Bildbezogene, der Zeit das Wortbezogene zuweisen. Wie Lacans *Signifikanten* hat die Raum-Zeit-Verschränkung Realbezug, und das muss vorerst genügen.

Bleiben wir also bei Shiv Dayal Singhs Yoga, in dem außer dem ‚Simran' noch ‚Dhyan' (Versenkung, bildbezogene Betrachtung) und ‚Bhajan' (wortbezogenes Hören oder Singen) existiert. Damit macht Shiv Dayal Singh durchaus etwas Vergleichbares wie in der *Analytischen Psychokatharsis*. Während der Yogi ‚Simran' übt, also das Wiederholen der Sanskritworte praktiziert, begibt er sich gleichzeitig in Versenkung und innere Betrachtung (‚Dhyan'). In einer zweiten Übung übt er ‚Bhajan', das Hören des ‚inneren Klangs', der auch ‚Naam' (Wort) genannt wird. Während nun ‚Dhyan' sich letztlich auf die Betrachtung des Gurus im Inneren als einer gottgleichen Gestalt bezieht, werden beim ‚Bhajan‘ außer dem ‚Klang‘ oder mehreren ‚Klängen‘ auch Worte des Gurus vernommen, die seine Lehre betreffen.

Es heißt, dass der Yoga-Übende zuerst das Gefühl und die Erfahrung eines geweiteten inneren Raumes machen muss. Doch dieser Raum bleibt nicht dunkel. Je mehr er sich weitet, desto mehr erscheinen ‚Lichtpunkte‘, kurz das, was man in vielen Meditationen des ‚Astrale‘ nennt, weil man die ‚Lichtpunkte‘ als Sterne deutet, wie ich es schon im Kapitel 3. erwähnt habe. Sodann muss man sich auf den hellsten bzw. Hauptstern konzentrieren, was an die ähnlichen Geschehnisse Hildegards von Bingen erinnert. Durchdringt man diesen ‚Stern‘, wird man der Augen-Stirn-Region des Gurus gewahr und glaubt sich in realer Kommunikation mit ihm. Es ereignet sich aber dabei kein innerer, echter und freier Dialog, wie es beim Dialog zwischen einem guten Lehrer und seinem interessierten Schüler, zwischen dem Psychoanalytiker und seinem Klienten oder zwischen dem Meditierenden und dem direkt zugänglichen Unbewussten in der *Analytischen Psycho-katharsis* der Fall ist. Aber ein gewisser wortbezogener Austausch findet im Inneren des Yogis mit seinem Guru statt, was immer das heißen mag. Doch mit Sicherheit handelt es sich nicht um eine Möglichkeit, das psychoanalytisch Unbewusste durch diese ‚astro-mentale‘ Kommunikation wie sie auch genannt wird, zu ändern und zu verbessern.

Es klingt bei Shiv Dayal Singh zwar vieles sehr einfach, weist aber eben doch eine gewisse Begrenzung auf. So ist der ‚Dhyan‘ in Form der göttlichen Gestalt des Lehrers etwas, was wir in der Psychoanalyse eine bildbezogene Übertragung nennen würden, die aufgelöst werden muss, um die wahre, dahinterliegende Bedeutung zu erkennen. Tatsächlich muss auch im Yoga Shiv Dayal Singhs diese Übertragung in den höheren Ebenen, nämlich schon in ‚Trikuti‘ (dritte Ebene über der ‚astralen und mentalen’) und darüber wieder aufgegeben werden (siehe die Abbildung nächste Seite). Während die Auflösung der Übertragung in der Psychoanalyse über intellektuelle Einsicht (die erwähnten Übertragungsdeutungen) vor sich geht, kann der Yogi nicht genau, verstandesgemäß, logisch erklären, wie und warum er dies eigentlich alles tut. Er wird lediglich von dem Gefühl einer Innigkeit, einer Katharsis, einer Hochgestimmtheit weitergetragen, um durch fortgesetztes Meditieren zu den immer noch zahlreichen weiteren und höheren Ebenen zu gelangen.

Auch ist das Wesen der Sanskritworte nicht nur wegen ihres magischen Kraftbegriffes unklar. Warum sind es gerade diese Worte bzw. Namen und nicht andere? Warum wird der Intellekt so unterdrückt und dem Schüler doch ein hohes Maß an Askese abverlangt? Auch wenn seine Nachfolger nicht mehr siebzehn Jahre in einem abgedunkelten Zimmer meditierten, mussten sie und müssen sie auch heute noch sehr viel Zeit in ihre ‚spirituellen‘ Übungen, Ernährungs- und Anstandsregeln investieren. Dennoch finde ich den Yoga Shiv Dayal Singhs – alles in allem – sehr interessant, weil er zweifellos eine besondere Persönlichkeit war, wie aus biographischen Berichten zu schließen ist.

So hatte er viele Schüler und es etablierten sich viele Folgeorganisationen. Sowohl im großen Indienreiseführer Lonely Planet wie auch in O. Schulz Indienbericht gibt es ausführliche Hinweise auf das heute noch bestehende Zentrum und riesengroße Mausoleum Shiv Dayal Singhs in Agra, Nordindien. Schulz beschreibt die für heute typische Devotionalienkultur, die man um den großen Meister bis heute macht und wie wenig er sich als moderner ‚Westler‘ dort zu Hause fühlen kann.[72] Es ist das reine Epigonentum, die verkrustete Heiligenbeschwörung, die man überall da findet, wo nichts mehr Echtes, Wirkendes ist. Man muss eben ein paar Seiten im Sar Bachan lesen, um für heute wenigstens den Clou von Shiv Dayals Singhs Leben zu erhaschen.

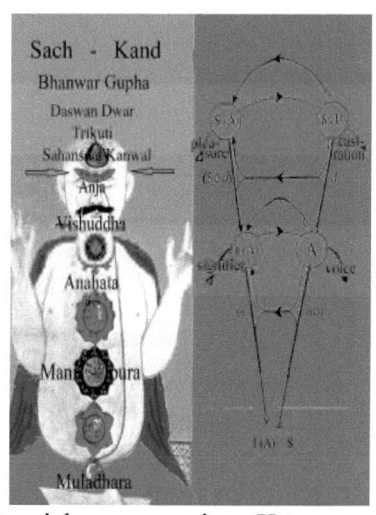

Seine Lehre beinhaltete einen immensen ‚spirituellen‘ Überbau von fünf bis sechs hierarchisch geschichteten Ebenen, die sich wiederum in genauso vielen entsprechenden Ebenen im Körper nach unten hin spiegeln würden. Ich zeige hier in der Abbildung eines Yogis die Bezeichnungen seiner Körper- und Geist-Schichtungen (hier sind fünf nach oben und fünf nach unten hin aufgelistet), und habe sie neben einen der sogenannten ‚Graphen‘ von Lacan gestellt. Es ist nicht nötig die Gegenüberstellung zu verstehen, es geht hier nur um den rein typologischen Vergleich, der ihre Ähnlichkeit zeigt.

---

[72] Schulz, O., Indien zu Fuß, DVA (2011), S. 239-243

Immerhin erkennt man sofort, dass auch wir heute zur Erklärung psychoanalytischer Vorgänge komplex geschichtete graphische Darstellungen benötigen, die den ‚spirituellen Ebenen ähneln und dafür psychodynamische Schichtungen enthalten. So korreliert der obere Teil des Graphen gut mit den oberen fünf Ebenen (die Pfeile zeigen die Spiegelungsebene zwischen oben und unten, Geist und Körper).[73] Im Lacanschen Schema sind sie so beschriftet, dass man sehen kann, wie das Bildbezogene, das *Strahlt* (die senkrechte auf- und absteigende Linie) sich doppelt mit dem Wortbezogenen, dem *Spricht* (die von links nach rechts kreuzenden Bögen)) kreuzt. Der obere Bogen zeigt die eigentlich tiefer im Unbewussten liegende Dynamik von ‚Genießen' und (symbolischer) ‚Kastration', die scheinbar irgendwie mit dem ‚spirituellen' Überbau im Yoga von Shiv Dayal Singh korreliert, der untere die mehr materielle, körperhafte Seite.

Shiv Dayal Singh hat jedoch gleich anfangs in seinem Buch auch ein sehr vereinfachtes Schema seines Yoga gegeben. Hier benötigte er nur drei Ebenen. Die mittlere, die er ‚Brahmand' nennt, bezieht sich auf eine umfassende Vorstellung des menschlichen Wesens, das in seinen sozialen, emotional-psychischen und geistigen Bereichen allen Aspekten des individuellen und kollektiven menschlichen Lebens genügt. Darin sind also auch alle religiösen Strebungen, alle kulturellen Errungenschaften und persönlichen

---

[73] Damit wird besonders deutlich, dass speziell des unterste sich im obersten spiegelt, wie es auch Freud tat, indem er umgekehrt vorging. Er ging von unten nach oben, der yogische Geist geht von oben nach unten, beide treffen sich in der Spiegelebene.

Charaktere erfasst. Wörtlich übersetzt heißt ‚Brahmand‘ so viel wie der ‚umfassendste Kern von Allem‘. Nun gibt es unterhalb von ‚Brahmand‘ noch ‚Pind‘, das rein Körperlich-Materielle, an dem auch der menschliche Körper teilhat, und oberhalb davon ‚Par-Brahm’, das transzendent Geistige.

Shiv Dayal Singh macht es nun der Psychoanalyse gegenüber recht geschickt, dass er nicht so direkt auf die Einschätzung des untersten Körperzentrums, des Muladhara-Chakras eingeht, weil daraus folgen würde, dass man vor allem aus Angst (entsprechend der erwähnten perfekten Spiegelung) im Geistigen bis in solch extreme Höhen gehen muss. Denn Muladhara ist das Zentrum des anal Aggressiven und jeder Art Sexuellen. Aber ist dies alles so gefährlich, dass man sich so extremen Askesen und Höhen hingeben muss? Muss man also so viele ‚spirituelle Kräfte‘ erwerben, nur um Muladhara in Schach zu halten? Nein, es genügt ja nur ‚Pind’ in Schach zu halten, die ganzen Wehleidigkeiten des Körpers zu vergessen, bzw. so zu leben dass man damit keine Probleme hat. Gemäß seinen Lehren hatte Shiv Dayal Singh Familie und übte den bürgerlichen Beruf eines Sprachenlehrers aus, lebte vegetarisch und ansonsten nur für seine Mission, von der er behauptete, er sei von seinem Meditationslehrer dazu beauftragt worden. So begann er schließlich auch öffentlich zu predigen (Satsang über ‚Par-Brahm’ zu halten).

Was mir bei ihm wichtig erscheint ist jedoch nicht all dies traditionalistisch Yogisch-Aketische des typischen indischen Gurus, mit dem Shiv Dayal Singhs Vater schon hinsichtlich Guru Nanaks, dem Gründer der Sick-Religion und anderen indischen Heiligen beschäftigt war, sondern die Tatsache, dass er einen sehr praxisnahen Weg der Selbstsublimierung ging, der sich mit der Psychoanalyse aber noch besser mit der *Analytischen Psychokatharsis* vergleichen lässt. So ist Sach Kand (‚Par-Brahm') kein Gott, sondern die Erfahrung des Schülers, des Meditierenden selbst. Man ist dann zwar nicht der Absolute, Allmächtige, Allwissende und wer weiß was noch alles, kann aber deren Position im übertragenen Sinne und eingeschränkt auf eine gewisse Zeit und Region einnehmen. Man braucht sich um Gott nicht mehr zu kümmern, da man ihn in gewisser Weise darstellen bzw. dessen Job weitgehend übernommen haben muss, bis ein Nachfolger wieder dieselbe Aufgabe übernehmen wird..

Schließlich ist der Gott der verschiedenen Konfessionen auch nur eine eingeschränkte Version des eigentlich Ur-Einen, weshalb sich ja die Gläubigen seit jeher gegenseitig umbringen. So gesehen ist eine Methode, die einem nahelegt, Sat Desh oder Sach Kand, einen göttlichen Zustand in sich selbst zu erreichen, gar nicht so schlecht. So heikel die Angelegenheit ist, den Platz Gottes doch in eingeschränkter Form selbst zu besetzen, so vorteilhaft ist dies für die Therapie. Jeder könnte es im übertragenen Sinne sein. Shiv Dayal Singhs ‚Sat Desh' korreliert sehr genau dem imaginären, dem Spiegel-*Anderen* in Lacans Psychoanalyse, denn von diesem Zentrum aus kann man sich sehen, wie Gott einen sehen würde, sehen sozusagen im allumfassenden Sinn. Es geht also neben dem Hort aller möglichen Signifikanten (Wort-Wirkenden) auch um den aller möglichen Sichtweisen (Bild-Wirkenden), um das berühmte ‚Ding' (endgültige Erklärung dazu erst im Kapitel 9).

Ich lasse also vorerst den Ballast aller Wissenschaften und religiösen Konfessionen beiseite und versuche den Bezugspunkt bzw. Höhepunkt von Sach Kand in konjekturalwissenschaftlicher Form ausdrücken und mit der Psychoanalyse vergleichen zu können. Schließlich ist Freuds ‚Sexualtheorie‘, auf der er so sehr insistierte, doch sehr ähnlich mit der Beschäftigung von ‚Pind‘ und dem in diesem körpernahen Unbewussten situierten Muladhara, um von dort aus zur Bewusstheit aufzusteigen. Egal wie man den Höhepunkt hier nennt, für die Psychoanalytiker der ersten Generation, hat Freud Gott entbehrlich gemacht. Der Höhepunkt in der Psychoanalyse bestand und besteht auch heute noch darin vollkommen analysiert zu sein und nichts mehr zu haben, was man dem Analytiker noch sagen könnte.

Aber ich habe hier die Geschichte von Shiv Dayal Singh erzählt, weil ich zum Vergleich mit der Psychoanalyse etwas von meinen eigenen Meditationserfahrungen berichten möchte. Wie erwähnt sitzt man bei der ersten Übung der *Analytischen Psychokatharsis* in bequemer Haltung, schließt die Augen und wiederholt langsam, monoton, evtl. mit kleinen Zwischenräumen drei bis fünf verschiedene *Formel-Worte*. In der Anfangszeit habe ich nicht gleich große Erfahrungen gemacht, doch nach längerem stellte sich bei mir das Wahrnehmen einer leichten Helligkeit ein, das Bewusstsein des Körpers war nicht mehr vorhanden, das Raumgefühl begann sich zu erweitern und sich wie zu Schlieren leicht zu bewegen. Die erste Übung ist wohl für alle, die das Verfahren anwenden, in etwa gleich.

In diesem sich weitenden Raumgefühl traten dann Krümmungen auf, sich verschiebende Wände, Wölbungen und anderes noch völlig Banales und Unbedeutendes. Wenn ich jedoch die Zwischenräume bei den *Formel-Worten* verlängerte, konnte der Raum sich plötzlich vertiefen und Bilder freigeben, die mehr und mehr faszinierend waren, so dass die Gefahr bestand, sich darin zu verlieren. Mich erinnerte dies oft an Edgar Allen Poes Erzählungen vom ‚Mahlstrom', dem sich wirbelnden, immer schneller werdenden Quirl in unbekannte bildliche Tiefen, die nichts Gutes versprachen. Doch soweit muss man es ja nicht kommen lassen. Jedes Wiederholen der *Formel-Worte* holt einen sofort zurück in die sachliche Übung. Andererseits: würde man diese ja nichts Definitives sagenden Formulierungen routiniert und schnell hintereinander reverberieren, käme man nicht in die kathartische Verfassung, in die Raumfaszination und die Luziditäts- oder ‚Durchrieselungserfahrungen'. Man muss also ein Spiel zwischen zu zügigem und zu monotonem, zu abstandsweitem und zu nahem gedanklichen Wiederholen, ausprobieren und austarieren.

Ich könnte mir aber auch vorstellen, dass jemand, der in zu große Faszinationen gerät, in die Nähe von Halluzinationen kommt, was auch nicht gleich problematisch ist, wenn man dann eben mehr auf den worthaften Teil des Verfahrens mit dem gedanklichen Wiederholen der *Formel-Worte* setzt und die dann folgende zweite Übung setzt. Von allen, die das Verfahren üben, habe ich jedoch nie derartige Probleme gehört, und auch von anderen Meditationen ist diese Möglichkeit bekannt, dort werden sie jedoch durch unwissenschaftliche, mythische Vorgaben beengt. In der *Analytischen Psychokatharsis* können jedoch die *Formel-Worte* stets Halt und Stabilität geben. Sie sind ja nach wissenschaftlichen, psychoanalytischen Vorgaben entwickelt

worden, so dass Sicherheit immer gegeben ist. Zudem gibt
es ja noch die zweite Übung, mit der man nach einer gewissen Zeit beginnt (ca. nach zwanzig Minuten) und die
einen ganz in den analytischen Teil hinüberführt, zu dem
die *Pass-Worte* und deren Interpretation gehören.

Damit ist der Unterschied zu Shiv Dayal Singhs Methode
trotz gewisser Ähnlichkeiten klar umrissen. Die *Formel-
Worte* tragen nicht eine ‚spirituelle' Kraft in sich, die mit
der Person des Gurus zu tun hat, sondern sind wissenschaftlich, analog dem Freud'schen Unbewussten aufgebaut. Die *Pass-Worte* geben eine analytische Deutung der
im Unbewussten nach Ausdruck drängenden Gedanken
wieder, und sind nicht vorgefasste Richtlinien aus mysti-
scher Denkweise. Man muss nicht ewig lange meditieren,
ich rate dazu, nur so viel Zeit mit dem Verfahren der ersten
Übung der *Analytischen Psychokatharsis* zu verbringen, bis
die Katharsis, das befreiende Erleben, die Erfahrung des
‚Durchrieselns' von sich aus zur zweiten Übung hinüberlei-
ten, wo nunmehr darauf zu achten ist, welche enthüllenden
Pass-Worte einem zukommen und man sie analytisch diskutieren kann.

Ein zu starkes Betonen dieses analytischen Teils (‚symbolische Ordnung') könnte einen wieder nur zur scholastischen
Philosophie und herkömmlichen Psychoanalyse zurückführen. Insofern kann ich erneut ganz vereinfacht konstatieren,
dass die Psychoanalyse zu sehr (fast scholastisch) dieser
symbolischen Ordnung verhaftet bleibt und für die imaginäre Ordnung kein Verständnis hat. Man kann jedoch von
so jemandem wie Shiv Dayal Singh – wenn auch nicht eine
sehr logische – so doch konkrete tiefenpsychologische Pra-

xis lernen, indem er auch ein Beispiel für die Ethnopsychoanalyse abgibt. Er repräsentiert eine andere Ethnie und eine
andere Kultur auf einem hohen Niveau, auch wenn sie heute für die Wissenschaft nicht unmittelbar brauchbar ist.
Aber das Wesen der Grundstrukturen ist gegeben, man
muss sie nur um 180 Grad herumdrehen, wie wir dies auch
heute mit den Lehren früherer Mystiker tun. Ich habe es
zumindest am Beispiel der Heilen Theresa von Lisieux gezeigt, dass sie etwas Besonderes war, wenn auch heute absolut nicht mehr nachvollziehbar. Immerhin lehrte Shiv
Dayal Singh als Kernpunkt seines Yoga, dass man das
Sterben lernen müsste, was ebenfalls nicht mehr so nachvollziehbar scheint, obwohl es wichtig wäre.

So schreibt auch Nietzsche: „Also sollte man sterben lernen. . . Stirb zur rechten Zeit. . . Freilich, wer nie zur rechten Zeit lebt, wie sollte der je zur rechten Zeit sterben?"[74]
Shiv Dayal Singh ist wohl einige Tode in den siebzehn Jahren seiner weitgehenden Versunkenheit gestorben. Man
muss sich nach innen und oben zurückziehen, schrieb er, es
sind gute Tode im Leben, um die es ihm geht. „Wer nicht
vermag *zur rechten Zeit* zu sterben, muss zur Unzeit veren-
den," schreibt auch wieder Byung-Chul Han. Er ist offensichtlich auch der Ansicht, dass man das Sterben rechtzeitig
gelernt haben muss. „Das Sterben setzt voraus, dass das
Leben eigens abgeschlossen wird. Es ist nämlich eine
Schlussform. Wird dem Leben jede Form sinnvoller Ge-
schlossenheit genommen, wird es unzeitig beendet. Es ist
schwer, zu sterben in einer Welt, in der Schluss und Ab-
schluss einem end- und richtungslosen Fortlauf, einem

---

[74] Nietzsche, F., Also sprach Zarathustra, Kröner (1964) S. 76

permanenten Unfertigsein und Neubeginn gewichen sind, in einer Welt also, in der das Leben sich nicht zu einem Gebilde, zu einer Ganzheit abschließt."[75]

Shiv Dayal Singhs ‚spiritueller' Weg mit seinen hierarchischen Ebenen erinnert auch stark an die ‚Seelenburg' der Heiligen Theresa von Avila. Auch hier gibt es viele Wohnungen, die der Meditierende bis zum Höchsten durchwandern muss, was die Heilige als häufig sehr schmerzhaft und quälend beschreibt. Klar, sie musste ständig auf der Hut sein, dass beispielsweise ihre ‚Verstandesschauungen' nicht Eingebungen des Teufels waren. Es war damals ein mühsamer Weg, doch auch sie äußert sich in der Richtung, dass sie die herkömmliche Priesterkaste nicht benötigte und selbst die ‚Trinität geschaut habe'. Sie besaß auch Humor. Als sie einmal mit ihrem Ochsenkarren bei einer Flussüberquerung umstürzte, hörte sie eine Stimme von oben her sagen: „So behandle ich meine Freunde". Gewitzt entgegnete die Heilige: „Deswegen hast du auch so wenige." Sie wusste also um die karge Bilanz der Amtskirche.

Ich habe schon S. Leikert erwähnt, der nicht nur zum musikalischen Unbewussten Stellung bezogen hat. Leikert will die aufs Sprechen und die Sprache, auf das Wort-Wirkende bezogene Psychoanalyse von der unterscheiden, die sich mehr auf die Semantik der Wahrnehmung, der Ästhetik und Binnensensibilität, auf das Bild-Wirkende bezieht.[76] Er spricht auch von „kinästhetischer Semantik", eine von der

---

[75] Byung-Chul Han, Duft der Zeit, Ein philosophischer Essay zur Kunst des Verweilens, transcript (2009) S. 9-10
[76] Leikert, S., Schönheit und Konflikt, Umrisse einer allgemeinen psychoanalytischen Ästhetik, Psychosozial Verlag (2012).

Binnenempfindung und der inneren Bewegung (vom grie-
chischen kineo, bewegen) abgeleitete Bedeutungslehre.
Auch der Psychoanalytiker R. Zwiebel betont diese mehr
meditative und kathartische Seite, die in der Psychoanalyse
von heute umfangreicher berücksichtigt werden sollte.[77]
Zwiebel bezieht sich wie auch der Psychoanalytiker H.
Stein auf Yoga und Zen,[78] hier jedoch auf die Freud´sche
Selbstbeobachtung und Selbstanalyse, bei der es ja auch
mehr um die innere Wahrnehmung und die Binnen- und die
Blick-Bild-Bedeutung ging.

Zum Schluss noch ein weiterer Hinweis auf den ethnopsy-
choanalytischen Aspekt von Shiv Dayal Singhs Leben und
Werk. Denn es geht bei ihm um eine völlig andere Zeit, andere Kultur, andere Menschen, kurz: ums totale Anders-
sein, wie es auch in Lacans Konzeption des großen *Anderen* steckt. Es handelt es sich also um eine Art der Ethnopsychoanalyse, wie ich sie hier in diesem Buch schon anfänglich erwähnt habe und im nächsten Kapitel fortsetzen
werde. So spielen im alten Indien wie bei den Primärvölkern andere Abwehrmechanismen als die der bei uns übli-

---

[77] Zwiebel, R. Weischede, G., Neurose und Erleuchtung, Klett-
Cotta (2009)
[78] Der Psychoanalytiker H. Stein versuchte in seinem Buch ‚Freud
spirituell' einen Ausweg aus dem Konflikt zu großer Höhen und
Tiefen zu finden, aber letztlich bleiben mythisch-mystische Beschreibungen von Yoga und indischer Meditation neben den
psychoanalytischen Einlassungen unzusammenhängend bestehen. Im Jargon der Marxisten könnte man sagen, er ist ein psychoanalytischer ‚Linksabweichler. Er bleibt nicht auf der rechten
Linie Freuds. Er verrät ödipal seinen Lehr-Vater.

chen Verdrängung eine stärkere Rolle. Es handelt sich meist um die Abwehrmechanismen der Spaltung und Verleugnung, die man vor allem im ländlichen Indien und bei bestimmten Primärvölkern häufiger findet.

Sicher sind auch die christlichen Mystiker nicht immer verständlicher und verbindlicher gewesen. Juan de la Cruz wirkte mit dem Gedicht der ‚Dunklen Nacht der Seele‘ nicht gerade ermutigend. Und doch: mit der ‚vom Liebesdrang durchglühten Sternennacht . .‘ als ‚dichosa ventura‘, als ‚wunderseliges Los‘, deliriert das Gedicht durch die dunkle Einsamkeit der Meditation, die heute manchmal nicht anders verläuft als damals. Man darf hier nicht zu sehr an der Schwülstigkeit und Schwärmerei Anstoß nehmen, sondern muss die Selbstsublimierung spüren, dass es einen hochzieht ganz im Sinne von Platons manischem Eros. Nur benötigt man keine Kirche dafür, keine Konfession und auch kein unglückliches Mittelalter mehr. Man braucht nur den ‚linguistischen Kristall‘ der *Formel-Worte* und die Antwort aus dem Unbewussten – oh dichosa ventura!

9. Primärvölker

In den ethnischen Gruppierungen sogenannter Primärvölker konnten Psychoanalytiker wie P. Parin und G. Morgenthaler einzelne Personen nicht auf die psychoanalytische Couch legen. Wenn man in tiefen Kontakt zu ihnen treten wollte, musste man zuerst einmal in einen lockeren und ausgedehnteren Gesprächszusammenhang eintreten und dann ganz behutsam auch psychoanalytisches Gedankengut miteinbeziehen. Selbstverständlich war dies eine ganz andere Art des Vorgehens als es in einer üblichen Psychoanalyse der Fall ist. Dennoch war dieses Vorgehen „logische Praxis", wie J. Lacan auch die Wissenschaft der Psychoanalyse nannte, denn es ging bei diesen Ethnopsychoanalytikern nicht um eine simple Unterhaltung. Man wollte dem für alle Welt geltenden psychischen Komplexen nachgehen. Es fragt sich eher, ob der Gewinn für diese Ethnopsychoanalyse so groß war. Man wollte eben den *Anderen* in Form der anderen Kultur und eines anderen Realen in das nüchterne, akademisch Westliche einbeziehen.

So hat man erkannt, dass es auf Samoa und anderen Südseeinseln einen anders gearteten Ödipuskomplex (Rivalität zum gleichgeschlechtlichen, erotisches Begehren zum gegengeschlechtlichen Elternteil) gibt als bei uns. In diesen Ländern wirken z. B. in den Ödipuskomplex frühkindlichere Phänomene stark hinein (man spricht vom Präödipalen), die sich noch vor dem dritten, Lebensjahr etabliert haben und für das Leben des Individuums in diesen Ländern wesentlich sind. Es beherrschen dann Hexen- und Monstervorstellungen (meist auf eine Mutter-Frauen-Figur bezogen) das Kindes- und auch Erwachsenenleben dieser Menschen, in denen zwar auch erotische Elemente des Gegengeschlechtlichen eine Rolle spielen, die sich jedoch erheblich komplexer und vielschichtiger darstellen.

Auch die Untersuchungen von F. Morgenthaler bei den Dogons haben verstehen lassen, was in unserem eigenen Liebesleben irgendwie anders-herum passiert, doch ist dies nur ein intellektueller Schritt.[79] Denn für die Dogons ist der Clan, der/das große *Andere*, eine Natur-Gottes-Mutter-Einheit, in der sie sich völlig aufgeben. So ist Sich-Verlieben eng verbunden mit Wahl eines Partners durch diesen Clan, bzw. seine Ältesten. Wie man liebt, auch wie man Sexualität erlebt, ist daher etwas, über das alle anderen Bescheid wissen. Eine individuelle Liebe, wie wir sie kennen und für das einzig Richtige und Mögliche halten, gälte dort als verrückt. Auf die Idee, man müsse ganz ureigene Gefühle entwickeln und sexuelle Spitzfindigkeiten erfinden, um eine Frau zu befriedigen, würde bei den Dogons keiner kommen. Man würde es skurril finden.

In den Gesprächen der Psychoanalytiker mit den Ureinwohnern wurde jedoch oft auch die Grenze der Ethnopsychoanalyse sichtbar. So stellten die Forscher z. B. die Frage, ob es nicht auch im Clan, in der Großgruppe vorkäme, dass jemand „auch mal mit seiner Schwester schlafen würde". Die superklugen Therapeuten wollten wissen, wie es in der fremden Ethnie mit dem Inzestkomplex des Ödipusdramas aussieht. Doch stets erhielten sie die gleiche Ant-

---

[79] Morgenthaler, F., et al., Gespräche am sterbenden Fluss, Fischer (1986)

wort: „Ja willst du denn keinen Schwager? Willst du keine große Verwandtschaft?" Die Frage der Ethnopsychoanalytiker war falsch gestellt. Der Inzest ist ein ‚Verschränkungs'-Wort, er enthält eine Unbestimmtheit, über die man nicht so mir nichts dir nichts weiter reden kann. D. h. man kann es tun, aber es wird nichts dabei herauskommen. Die Dogons verdrängen anders als wir, wie die Yogis spalten sie eher etwas ab.

Der Clan selbst organisiert auch das Liebesleben, und man spürt sofort, dass die Art zu lieben bei den Dogons von der Wiege bis zur Bahre von der großen Mutter, der Mutter-Liebe, überformt - um nicht zu sagen: überschattet - bleibt, während Morgenthaler hier eine Art Vater einzuführen versucht, der so tut, als wüsste er über die Liebe in allem Bescheid. Anders gesagt: Morgenthaler führt in Überich-Manier ein Vater-Prinzip in die dort herrschende Kultur zu lieben und zu heiraten ein, kann damit aber nicht überzeugen, kann dies auch dort nicht zurücklassen, dort nicht als bestehen bleibende Institution einrichten und etablieren. Er schreibt ein theoretisches Buch, die wirkliche Fähigkeit zu lieben aber bleibt für die Dogons auf der Strecke. Sie kehren wieder zur Ein-Wort-Liebe: „Große Mutter" zurück, weil die ‚Mehr-Wort-Art' der Ethnopsychoanalytiker nicht überzeugte.

Mit Sicherheit kommt auch gelegentlich einmal Inzest bei diesen Ethnien vor. Aber nicht nur er, auch das Wort Inzest ist extrem tabu, und das genügt vorerst einmal. Auch G. Roheim konstatiert die subjekt-betonte Wahrnehmung, wie er sie bei den Primärvölkern in anderen Regionen in Erfahrung brachte.[80] Diese Menschen sehen die Welt als „Ganzheit" an, jedoch ebenfalls nur unter der Ägide einer universalen Mutter Natur. Es passiert also das Gleiche wie vorher erwähnt, die Ethnopsychoanalyse ist eine gute Methode, fremde Völker und andere Ethnien ein bisschen zu verstehen. Aber sie ist weder für uns noch für die Fremden der beste Weg zur Wahrheit. Sie sollte uns auch zeigen können, wie wir mit dem Fremden in uns selbst besser umgehen könnten, praxisnahe, nahe am Fremden, *Anderen*. Deswegen ist es nicht falsch, sie zu betreiben, aber wie die Sterne und die Schicksalslogos kann sie nur Anregung, Empathie, ‚Verschränkungs'-Metapher sein.

Manchmal erscheint der/das *Andere* in der Meditation so intensiv, dass man wirklich das Gefühl hat, nicht alleine zu sein. Dies ist genau die Art des Erlebens, das den Menschen dieser Primärvölker Halt gibt, in Ausnahmesituationen aber auch ganz fürchterliche Schrecken einflössen kann. Aber egal, man kann doch mit dem *Anderen* sprechen, man kann doch in einen gewissen Dialog mit ihm kommen so wie es im Clan und mit der Mutter Natur täglich passiert, auch wenn das Letzte nicht zu Wort kommt wie es auch bei Shiv Dayal Singh der Fall war. Es kann nur gut sein, in der Meditation das Gefühl zu haben, dass man nicht alleine ist. Der/das *Andere* ist da, die *Formel-Worte* sind immer griffbereit, das Fremde muss man behutsam in seiner letztlichen Unbestimmbarkeit unbestimmbar lassen. Es kommt schon immer wieder in einem *Pass-Wort* zum Zug, und zu den meisten *Pass-Worten* fällt einem spontan wieder etwas ein. Und wenn man diesen Gedanken wie an

---

[80] Roheim,G., Die Panik der Götter, Kindler (1975) S. 21

den *Anderen* hingerichtet denkt, kommt oft sofort ein weiteres *Pass-Wort* zustande und es entsteht ein tiefes Gespräch mit dem Unbewussten ohne die Risiken des allzu Fremden oder Überflutenden im Unbewussten.

Was die Primärvölker für die Forscher sind, sind die Kinder für die Eltern. Mitten in der Vertrautheit existiert eine gewisse gegenseitige Fremdheit. Vor kurzem konnte ich dies bei einem meiner Enkelkinder anlässlich eines Hotelaufenthaltes erleben. Der Zweijährige hatte endlich den Zusammenhang von Wort und Ding gefunden: er hatte erkannt, dass die Lautfolge E, i und s die Bezeichnung für die kalten, süßen Kugeln in kleinen Bechern ist und äußerte daher beim Abendessen im Hotelrestaurant strahlend und stolz seinen Willen mit diesem Wortklang: Eis! Doch die Erwachsenen taten so, als hörten sie nicht richtig und murmelten etwas von ‚zuerst gibt's Nudeln oder Kartoffeln'. Gemurmel-Murmel – ich will doch Eis, dachte sich der Kleine wohl und starrte ungläubig die Eltern an. Eis! wiederholte er schon fast entsetzt.

Doch es tat sich nichts dergleichen. Niemand stand mit ihm auf, um in den Nebenraum zu gehen, wo es ein Kinderbuffet mit Eistheke gab. Der traumatische Schrecken, dass alles nur Täuschung und Verrat sei, begann sich in seinem Gesicht abzuzeichnen. Endlich hatte er den großartigen, ja monumentalen Wert des Wortes, des Signifikanten, des Wort-Ding-Wirkenden voll erfasst, als dieser ihm schon wieder entrissen zu werden drohte. Eis! stammelte er daher nochmals und stierte entsetzt in die ungerührten Gesichter der Erwachsenen. Ihr habt es mir doch beigebracht, ihr habt Eis zu den schokoladegefrorenen Kugeln gesagt, ihr habt dem Wortklang die gezielte Wunscherfüllungsformel zuge-ordnet, und jetzt tut ihr so, als wüsstet ihr von nichts! Mein Enkelkind versank in Apathie, in Verzweiflung, ließ sich in die volle Traumatisierung fallen und wäre sicher eines Ta-ges beim Psychotherapeuten vorstellig geworden, hätte sich nicht in diesem Moment einer der Eltern seiner erbarmt und ihm zwei Portionen Eis in einer Waffel verschafft.

Ich übertreibe vielleicht ein bisschen, wenn ich sage, dass sonst wahrscheinlich ‚Eis' zu einem kleinen Schicksalslogo in seinem Gedächtnis geworden wäre. Aber die Geschichte erklärt so anschaulich, dass ein Trauma nicht unbedingt ei-ne physische Verletzung ist, auch kein schreckliches Ge-fühl, sondern ein Wort-Bild-Zusammenhang, ein wichtiges ‚Erlebnis-Klang-Objekt', das zum Himmel der Lüste auf-gestiegen und dann, fast im gleichen Moment, wieder in die Finsternis des Nichts zurückgeworfen wurde. Die Formel ‚Eis' muss verdrängt werden, aber im Unbewussten bleibt es vielleicht als kleines Schicksalslogo erhalten. Die Pri-märvölker erleben den Einbruch der westlichen Moderne in ähnlicher Weise. Sie sehen die materialistische Monumen-talität der Technik und des Sachwissens, doch dann gibt man sie ihnen nicht so, wie sie sie handhaben könnten, zu-geschnitten sozusagen auf ihre Bedürfnisse.

Ich muss leider zu jammern anfangen. Ich wollte diesmal ein Buch nur in diesem erzählerischen Stil verfassen. Doch dann drängen sich immer wieder die Sachbezüge auf. Freud konnte noch die schlichte und einigermaßen solide Sprache des neunzehnten Jahrhunderts verwenden. Er konnte von der Libido als der Lustenergie reden, mit der die Menschen ihre Objekte und sich selbst ‚besetzen'. Es gab das Ich und das Über-Ich, die ‚Verdrängung' und die ‚Spaltung', alles Worte die leicht einzuordnen waren und die in einem väterlichen, an die Vernunft appellierenden Sinn daherkamen. Doch so geht es heute nicht mehr. Auch Lacan bietet keine leichte Kost, ihn zu verstehen würde sicher ein Gewinn sein, aber man kann seine burlesken Sätze kaum jemand zumuten. Ich kann also nur einzelne Zitate verwenden. Schließlich soll das Ganze ja nicht nur richtig gewusst, sondern auch noch gut gesagt werden.

Dennoch ist die Meditation etwas Schönes und Wertvolles. Anfangs, als ich zu meditieren begann, hatte ich viel Kopfschmerzen, Verspannungen und andere psychische Probleme, aber alles hat sich im Laufe vieler Jahre in ein leichtes, konstantes Gefühl innerer Festigkeit verwandelt, unter dem ich jetzt ausschließlich den / das *Andere(n)* verstehe. Psychoanalytiker sprechen hier oft vom konstanten 'guten Objekt'. Ich glaube, wenn ich dieses Symptom nicht hätte, würden mich die unbewussten bild-wirkenden Inhalte überfluten, doch gestützt durch die *Formel-Worte* kann ich sie gezielt handhaben. Man darf nicht erwarten, dass man durch Meditation nur selig und ekstatisch wird. Wenn man die Sache ernst nimmt, muss man – wie ich es schon hinsichtlich des Psychoanalytikers zitiert habe, das Symptom auf sich nehmen.

Man muss mit dem Symptom leben wie die Theologin Schneider-Harpprecht schrieb.[81] In gewisser Weise kann man Meditation, Kontemplation und das In-Sich-Verweilen

---

[81] Schneider - Harpprecht, U., Mit Symptomen leben, eine andere Perspektive der Psychoanalyse J. Lacans (2000)

als Symptom bezeichnen, denn es handelt sich um die un-
übliche Zeit andauernder Gegenwart, und was unüblich ist,
wird heutzutage wie ein Symptom angesehen. „Der vorge-
schichtliche Mensch lebte in einer dauernden Gegenwart,"
schreibt Byung-Chul Han. „Die geschichtliche Zeit kennt
keine dauernde Gegenwart. Die Dinge verharren nicht in
einer unverrückbaren Ordnung. Die Zeit ist nicht zurück-
führend sondern fortführend, nicht wiederholend, sondern
ein holend. . . Die geschichtliche Zeit *kann* deshalb nach
vorne stürzen, weil sie nicht in sich ruht, weil sie ihren
Schwerpunkt nicht in der Gegenwart hat. Sie lässt kein
Verweilen zu."[82] Zwischen dem *Strahlt* und dem *Spricht* ist
Verweilen jedoch notwendig. Sie kommen so in einen besseren Zusammenhang, den die Menschen der Primärkultu-
ren, aber noch viel stärker die der Frühzeit wie etwa die
Neandertaler noch beherrscht haben

Trotzdem wurde der Neandertaler wie ein Gnom, also wie
ein gedrungen gestaltetes Fabelwesen dargestellt, erst neuerdings fanden Paläoanthropologen Formen, die uns heutigen Menschen doch sehr ähneln. Ich habe in anderen Veröffentlichungen am Neandertaler gezeigt, dass man ihn nur
erforschen kann, wenn man ihn liebt, denn objektiv ist von
ihm einfach zu wenig vorhanden. Die Liebe fungiert hier
als „Erkenntniskategorie", wie der Paläoanthropologe T.
Appleton schrieb.[83] Zu behaupten, unsere Kultur sei seiner
gegenüber wesentlich fortschrittlicher, wie es wohl die
meisten Menschen heute sagen würden, muss man hinter-

---

[82] Byung-Chul Han, Der Duft der Zeit, transcrpt (2015) S. 20 - 22
[83] Appleton, T., Warum verschwanden die Neandertaler? Heyne
(1999) S. 30

fragen. Seine Kultur war vielleicht nicht so erfolgreich, sie war enorm naturverwoben und nicht so androzentrisch (männerbeherrscht) wie es die letzten ein paar tausend Jahre waren, während wie heute hoffen können, dass ein Wissenschaft v o m Subjekt, eine also der Liebe unterstellte Wissenschaft die alten Hierarchien ablösen wird.

Der Archäo- und Paläoanthropologe A. Czarnetzki schreibt, dass der Neandertaler „für die Wahrnehmung optischer Eindrücke wie z. B. optische Dingerkennung, Ortssinn, Ortsgedächtnis, Farb- und Helligkeitserkennen usw., aber beispielsweise auch für optische Gedanken ausgezeichnet ausgebildet war."[84] Er hatte stärker ausgeprägte haptisch-taktile Eigenschaften und ein größeres Gehirn als wir heute und konnte durch sein fast dreimal so großes Gehörsystem im Dunkeln eine Kiefer von einer Tanne an dem Laut des diese Bäume hindurchwehenden Windes unterscheiden, behauptet dieser Autor.

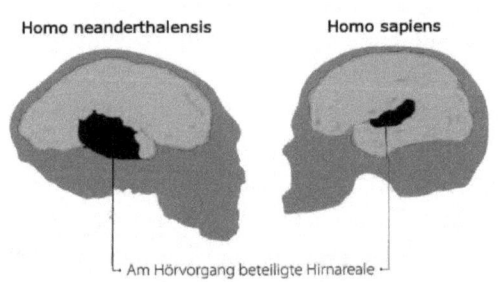

Homo neanderthalensis   Homo sapiens

⌐ Am Hörvorgang beteiligte Hirnareale ¬

Großes temporo-occipitales Hörorgan des Neandertalers. Czarnetzki, von ihm gefertigtes Bild und mündliche Mitteilung

Sein immenses Hör-Laut-Klang-Geräusch-Gehirn konnte man anhand der Wölbungen, die dieser Teil des Gehirns in der Schädelkalotte hinterlassen hat, ziemlich genau rekon-

---

[84] Czarnetzki, A., Archäologie Nr. 6 (2001)

struieren. Der Neandertaler besaß noch viel von der ansonsten nur den Kindern zugeschriebenen ‚Wahrnehmungsidentität' (ein Ausdruck S. Freuds, der dieser ursprünglicheren Identität die ‚Denkidentität' des modernen, erwachsenen, Menschen gegenüberstellte), er konnte wahrhaft mit allem und jedem in der Natur reden – das ist keine blinde Spekulation. Die oben stehende Abbildung zeigt, wie viel stärker in dem größeren Neandertalergehirn die Areale für die Sinneswahrnehmung ausgebildet waren.

Er befand sich also grundsätzlich in der Verfassung einer naturbezogenen, von Fauna- und Flora-Strahlenden ‚Lautlichkeit', ‚Tonigkeit', und somit dem betont Bild-Wirkendem. Er war stets gut drauf, gut gestimmt und von der strahlenden Schönheit der Natur so ergriffen, dass er direkt mit seinem inneren Gespür, mit seinem ‚inner touch' wie es der Philosoph D. Heller-Roazen beschrieb, kommunizieren konnte.[85] Er benötigte keine Tätowierungen um seine Haut sprechen zu lassen. Sein *Strahlt / Spricht* war noch extrem elementar kombiniert, ein ‚linguistischer Kristall' erster Güte, für den er keine Psychoanalyse gebraucht hat und auch keine Meditation zusätzlich üben musste. Exakt daran sieht man, was wir kulturell eigentlich verloren haben, und dass wir somit heute in keiner Weise fortschrittlicher sind. Wir sind oberflächlicher, rationalisierter, tech-

---

[85] Heller-Roazen, D., The inner Touch, Der innere Sinn, Archäologie eines Gefühls, Fischer (2012). Der Autor beschreibt es als ein ‚Gemeingefühl', das einen mit anderen verbindet. Ich verstehe es als das Verbindungsgefühl mit dem eben mehr bildwirkenden Anderen, dem Ikonischen.

nisch, pragmatisch erfolgreicher, aber in keinster Weise fortschrittlicher.

Trotzdem kommen immer wieder Überheblichkeiten der modernen Forscher zu Tage. So wird berichtet, dass die Neandertaler zwar deutlich verfeinerte Fingerbewegungen ausführen konnten als man bisher annahm. Auch sei – wie gesagt – ihr Gehirn größer gewesen als das heutiger Menschen, doch liegt dies wohl nur daran, dass die Nervenverdrahtungen des modernen Menschen wesentlich vielschichtiger sind, die Neandertaler Gehirne waren also noch nicht so digitalisiert, ihre zentralen Prozessoren noch auf Commodore64 Niveau. Deshalb, so die Forscher, waren die Gehirne der Frühmenschen trotz ihrer Größe doch dem der heutigen Menschen unterlegen, wobei herausklingt, dass sie generell etwas primitiver waren. Aber da haben wir es doch wieder! Die Neurologie zählt, doch dass die Neandertaler mehr Seele hatten als wir heute, wird wieder unterschlagen. Im Gesamtbereich des heutigen Logos zählt die Seele (bild- und wort-wirkendes Unbewusstes) nicht mehr in dieser geschichtslosen Weise.[86]

---

[86] Zinkant, K., in der SZ vom 18. 12. 2018, S. 14 und Harvati, K., in Science, Nov (2018)

10. Regression und Involution

E. Gartmann war vielleicht die erste, die den Begriff Öko-Psychoanalyse verwandt hat, obwohl sie keine Psychoanalytikerin ist. Ihre Arbeit gilt jedoch ausschließlich dem Vegetarismus. Zu Recht behauptet sie, dass die Kinder zu unökologischem Verhalten erzogen werden, indem man sie von frühester Kindheit an zu vorwiegendem Fleischkonsum anregt, obwohl dieser ungesünder ist und mehr als das Zehnfache der Proteinressourcen verbraucht, als pflanzliche Nahrung. Eine direkte Wirkung des Vegetarismus auf die Psyche ist nicht zu belegen. Aber möglicherweise hat die Pflanzenwelt nicht ganz unerhebliche positive Wirkungen für den Menschen parat und dieser nutzt sie eventuell zu wenig.

Man hat mit dem Begriff der Konnaturalität etwas eingeführt, das sich gut auf eine enge Verbindung des Menschen zur Natur und den Dingen anwenden lässt. Thomas von Aquin benutzte diesen Begriff, um von der tiefen und mehr oder weniger religiösen Verbindung und Berührungszusammenhang aller Wesen untereinander zu sprechen. Ich konnte im Vorkapitel zurecht vermuten, dass der Frühmensch über eine solche Verbindung rein empfindungsmäßiger, affektiver Art verfügte. Aber er muss zudem bereits ein Unbewusstes besessen haben, denn er konnte – wenn auch primär-primitiv – sprechen. Und wenn er ein Unbewusstes hatte und sprechen konnte musste er auch schon an diesem Komplex innerer Spaltungen gelitten haben.

Es muss Momente gegeben haben, in denen er diese Konnaturalität evtl. zugunsten der Verbalisierung verlor, evtl. wiedergewann und wieder verlor. Dieser Konflikt hat ihn zum Menschen gemacht, vorher war er vormenschliches dem Australopithekus oder etwas Ähnlichem verwandt, der zwar auch über Konnaturalität verfügte, aber eben in einer fast noch rein animalischen Form. Wir jedenfalls, wir moderne Menschen können uns jedenfalls nicht mehr dahin zurückverwandeln, genauso wie wir nicht mehr real zum Säugling werden können. Der Spaltungs- oder Kastrationskomplex ereilt uns früher oder später und damit sind wir in der Falle des homo sapiens.

Dennoch gibt es Möglichkeiten der Regression oder Involution, also einer Rückkehr zu früheren Entwicklungsstufen, jedoch nicht nur auf einer ganz vom Symbolisch-Realen, Wort-Wirkenden her mitgetragenen Form. Diese Regression ist ja das für die Psychoanalyse Typische, indem der Patient durch „freie Einfälle" in ein fast tranceartiges Zurück geraten soll, aus dem heraus er möglichst rein assoziativ spricht und progressiv wieder auftaucht. Die Involution dagegen ist etwas Typisches für die Öko-Psychoanalyse, etwas mehr Imaginär-Reales, Bild-Wirkendes. Sie stellt einen der Evolution gegenläufigen, aber der Psychoanalyse gut vergleichbaren ebenso rückläufigen Vorgang dar. Dieser kann nicht durch freies Assoziieren erreicht werden, sondern mehr durch ein spontanes, körpernahes Erfahren, das einen zu einer Art von ‚Spiegelspannung' zurückbringt, also zu dem Schnitt den die ‚reale Illusion' zwischen dem kindlichen Ich und seinem Körper darstellt. Neuere Psychoanalytiker haben diesbezüglich vom COO, vom ‚concrcte original object' gesprochen, das

Freud auch einen ‚primären Narzissmus' nannte, einen ohne Objektbezug.[87]

Mit dieser Frühform der Körper-Eigen-Spiegelung haben
die klassischen Psychoanalytiker nichts anfangen können.
Sie haben den Narzissmus gleich als eine Intention zur Ob-
jektliebe aufgefasst, dass also das eigene Ich zum Objekt
der seelisch-libidinösen Strebung genommen wird und diese als infantil und ungesund hingestellt. Sicher zeugt es von
keiner Reifung, wenn jemand glaubt, etwas sein oder tun zu
müssen, hinsichtlich dessen die anderen meinen sollen, wie
toll er ist. Trotzdem muss man sich ja auch selbst mögen
können, und so wurde ein gesunde Art des Narzissmus
propagiert. Doch es blieb unklar, wann und wo welche
Form dieses dem Bild-Wirkenden Zugehörige nun gut oder
schlecht ist. Das Regulativ, das ausgleichend Regulierende
haben diese Theoretiker zu wenig geklärt, es musste aus
dem Wort-Wirkenden der analytischen Deutungen erstellt
und dabei oft konstruiert werden.

Bekanntlich liegt der Auffassung des Narzissmus die alt-
griechische Fabel von dem in sein Spiegelbind verliebten
Narziss und der ihm korrespondierenden Nymphe Echo zugrunde. Doch von letzterer redet man nicht viel, obwohl sie
ebenfalls ein Zustand repräsentiert, indem das Ich nun nicht
in seiner Selbstspieglung, sondern in seiner Echolalie, in
seinem dauernden von Sich-Selbst-Reden, Widerhallen
oder Lallen zu erfassen ist. Es ist doch jedem bekannt, dass
es Leute gibt, die nicht damit aufhören können, um – einer-

---

[87] Ferrari, A. B., From the Eclipse of the Body to the Dawn of
Thought, London: Free Association Books (2004)

seits – nur zu plappern, vom Hunderten ins Tausendste zu kommen, und - andererseits – nur von sich selbst zu reden. Beides zusammen ergibt die Echolalie, an der also auch die besagte Nymphe litt und die ebenso in extrem kranken Formen existiert. So behandelte ich einmal einen Maniker, der so schnell und so viel redete, dass ich keine Chance hatte selbst zu Wort zu kommen. Ich musste ihm ein Medikament geben.

Um was es mir aber hauptsächlich geht ist Folgendes: Der herkömmliche Psychoanalytiker muss einen Patienten auffordern, alles zu sagen was ihm auch immer in den Sinn kommt, und das auch relativ spontan. Dadurch fordert er ihm fast zu einer Echolalie auf, in der sicher manches herauskommen würde, was der Patient lieber nicht hätte sagen wollen. So muss der Therapeut, um genug Gesprächsstoff zu haben, auf etwas anderes zurückgreifen, nämlich auf die Forderung, dass – wie speziell Lacan es mehrmals betonte – die Behandlung „in der Versagung durchgeführt werden muss." Das soll heißen, der Therapeut darf nichts von sich, seinem Ego, seinen Wünschen oder gar Leidenschaften und Vorlieben in Spiel bringen. Er darf den Patienten nicht heilen wollen, ihm keinen Rat geben, er darf nur zuhören und gelegentlich, wenn die freien Assoziationen etwas Bedeutsames, zwischen den Zeilen Herausklingendes verraten, eine Deutung geben.

Der psychoanalytische Therapeut ist also gezwungen, das Gespräch so hinzubiegen, dass es der Wahrheitsfindung und nicht der psychischen Abwehr durch Daherlabern, drum herum Reden, echolalischem Stottern, etc., dient. Das ist mühsam, denn geschockt davon, alles frei sagen zu sollen, schweigen manche wiederum zu viel. Lacan griff daher zu einer recht radikalen Methode, diesen Schwierigkeiten auszuweichen: er brach seine Therapiesitzungen oft schon nach fünfzehn Minuten wieder mit der Bemerkung ab, dass es jetzt der richtige Zeitpunkt sei zu unterbrechen und am nächsten Tag oder später wieder fortzusetzen. Und so sagte er: „Wann kommen Sie wieder, mein Lieber, morgen? Übermorgen?" mit einem warmherzigen Lächeln auf den Lippen. Ich kann nunmehr einen Ausweg aus der verwickelten Situation mittels der *Analytischen Psychokatharsis* anbieten, auch wenn hier – wie gleich zu schildern sein wird – andere Momente Schwierigkeiten machen können.

In der ersten Übung, die also mit dem Bild-Wirkenden zu tun hat, bezüglich dessen man mit geschlossenen Augen dasitzt und das innere Dunkel vor sich hat, wartet man achtsam darauf, dass sich von dem COO etwas Lichthaftes, Luzides, Lumineszierendes meldet. So ist zuerst einmal vermieden, dass das Ich als Narzisstisches im Vordergrund steht. Man wartet ja nicht darauf, dass das Ich sich zeigt, und so zeigt sich alles Mögliche, luzide Bilder also, Erinnerungen und anderes. Es zu einem konstruktiven Ergebnis zu bringen gelingt ganz einfach damit, dass der Übende angewiesen ist, das Echolalische – und so kann ich es klar definieren –sozusagen zusammengestaucht, total formalisiert in Form der *Formel-Worte*, ständig mental zu wiederholen. Einen besseren Analytiker als das anfängliche Dunkel, das in der Meditation zuhört, kann man sich gar nicht vorstellen, denn er bringt nichts von sich ins Spiel. Er verwendet die Echolalie in derart gezähmter Form, dass der Narzissmus nebensächlich bleibt und das frühe Bild-Wirkende, das COO sich sublimieren muss, bis es, nun im Höhepunkt des

Genießens von selbst im Unbewussten eine Art von Deutung zustande bringt: die *Pass-Worte*.

Hier kann nun wieder das Problem liegen, dass die *Pass-Worte* nicht immer verständlich genug sind, während der klassische Psychoanalytiker – lange geschult – dafür detaillierter sorgen kann. Trotzdem lohnt sich der Vergleich. In der Psychoanalyse liegt das Problem darin, dass trotz der Betonung des Wort-Wirkenden (gleichschwebend aufmerksames Zuhören, freies Assoziieren, wörtlich Deuten und Interpretieren) etwas bildlich, plastisch unerfasst und damit auch uninterpretiert bleibt. Man kann den Gesprächsfluss genießen, aber Narzissmus und Echolalie bleiben Störenfriede. Man muss eigene Konstruktionen und sogenannten Enactments, also künstliche Eingriffe dazu geben.

In der *Analytischen Psychokatharsis* sind beide (Narzissmus und Echolalie) von vornherein gezähmt, denn die Aufforderung zur Meditation besteht darin, die *Formel-Worte* monoton, rein gedanklich, langsam zu wiederholen und entspannt darauf zu achten, ob etwas Luzides, Bild-Wirkendes vor einem erscheint. Die so entstehende Selbstsublimation führt zum Genießen der Katharsis, die nach einiger Zeit von selbst oder im Sinne der zweiten Übung (konzentrieren auf den inneren Ton, laut werdenden Gedanken) zu den Pass-Worten leitet. Bei denen aber bleibt manches wieder nicht klar genug gesagt. Man muss mit einer Selbstdeutung nachhelfen, man muss von der eigenen Echolalie ein bisschen was dazu geben.

In beiden Fällen muss also etwas Stimmiges dazu gegeben werden, und das machen die Psychoanalytiker heute so, dass sie Theorien über Theorien nachliefern und sich damit im Intellektualismus überhäufen.[88] Für die Analytische Psychokatharsis muss ich selbst etwas Stimmiges dazu geben, was ich nun mit dem Begriff der Involution versuche und diese Thematik daher wieder aufgreife. Denn die Art, ob und wie die Umwelt mit uns zusammenwirkt, kann in vielen Momenten bis zu dem zurückkehren, was Freud die Urverdrängung genannt hat und so spürbar machen, wo und welche Vorgänge in und um uns in diese der Urverdrängung typische psycho-physische Gegenbesetzung eintreten. In Freuds Psychoanalyse ist der Mechanismus der Verdrängung ein wesentlicher Begriff. Wie etwas verdrängt wird, kann man der Freud'schen Konzeption folgend jedoch nur verstehen, wenn man eine tiefer zugrunde liegende Urverdrängung annimmt, die nicht aufgelöst werden kann. Freud nannte sie auch eine psychisch-libidinöse Gegenbesetzung. In der ganz frühen seelischen Entwicklung haben sich seelische Elemente herausgebildet, die mit libidinös oder libidinös-aggressiven Bedeutungen, Gefühlen etc. besetzt wurden und das diesem Vorgang Konträre, Gegenbesetzte, nannte Freud eben die Urverdrängung.

Diese korreliert mit der gerade erwähnten Spiegelspannung, dem COO, dem primären Narzissmus, dem Bild-Wirkenden. Dahin zurückzukehren ist mehr als nur eine Regression, es ist eine Involution, deren Bearbeitung ebenfalls zur Progression führen kann. Die heutigen starken Intentionen die Natur wieder pur zu spüren, im Regenwald zu wandern und Ähnliches wird natürlich nicht mit einem Mal

---

[88] Die Dazugabe von Konstruktionen und Enactments und Ähnlichem ist nichts Stimmiges, es widerspricht dem geöffnet Lassen des Unbewussten.

den perfekten Involutionsvorgang erreichen, aber ein länger anhaltender Versuch kann schon bestätigen, dass man sich dabei einer urtümlicheren Erfahrung aussetzt, als wenn man in einer analytischen Psychotherapie viel spricht und sich so im Sprechen und Gehört Werden auch stützen kann. Es wird die Erfahrung der Katharsis sein, der Haut-zu-Haut Kommunikation, des ‚Durchrieselns' der Dasheit, das ein ebenso progressives Ziel ist, denn es führt mehr und mehr zu einer psycho-physischen Erneuerung.

In der *Analytischen Psychokatharsis* existiert eine besondere Körpernähe, so dass Besetzung und Gegenbesetzung oft deutlich spürbar werden. Nach längerem Stillsitzen wird der Körper taub, wie eingeschlafen, obwohl der meditierende Geist noch wach ist. Von der ‚Durchrieselungserfahrung' habe ich schon gesprochen. Aber auch das Spüren eines Drucks oder Spannens, Juckens, Ziehens und Missempfindens in einer bestimmten Körperregion können eine Besetzung ausdrücken, die dann oft plötzlich durch eine Gegenbesetzung wie ‚ausgeglichen', ausgetauscht, nivelliert erscheint. Dies ist sogar eine der wichtigsten Erfahrungen meiner Methode, die auch ins psychoanalytische und philosophische Schrifttum unter dem Begriff der Negativität des *Anderen* eingegangen ist. Ich habe schon am Ende des Kapitels 3.3 darauf hingewiesen.

In der Ur-Verdrängung sperrt sich einfach etwas gegen die eigenen Intentionen und Ansprüche. Die sogenannte ‚frühe Mutter', die Erfahrung des Ur-Anderen als etwas Gutem und Schlechtem zugleich oder überhaupt die ersten Missgeschicke stellen – so hat es Freud ausgedrückt – eine ‚Reizüberflutung' dar, die jedoch wohl eher eine Versagung, eine Negativität ist, die nicht auszuhalten war und deswegen psychisch abgespalten, verworfen und eben ur-verdrängt werden musste. Das menschliche Leben beginnt also nicht mit biologischen Mängeln, sondern mit Zurückweisungen, direkten Beraubungen oder gar mit so etwas, das man Liebesverrat nennen könnte. Man hat sich auf den *Anderen* als einen Gleichen eingestellt, und nun wird dieser Pakt verraten, man wird bestohlen, beraubt. Ich habe dies nur andeutungsweise in der Geschichte mit dem ‚Eis' für das Enkelkind dargestellt, aber die Ur-Verdrängung liegt zeitlich und topisch noch weit davor.

Man hat versucht mit sogenannten Trauma-Analysen an diese frühen Verdrängungen bzw. seelischen Abspaltungen heran zu kommen. Normalerweise behandelt man ein Trauma, eine seelische Verletzung meist aus früher Zeit, nicht direkt, d. h. man lässt das Trauma nicht wieder hochkommen, nicht durch zu heftige Erinnerung wieder lebendig werden. Denn sonst kann es zur Retraumatisierung kommen. So haben die Trauma Therapeuten mangels wissenschaftlich begründeter Befunde Zugang zu diesen frühen Verletzungen nur gefunden, wenn sie imaginäre Elemente zu Hilfe nahmen. Sie haben dem Patienten also Vorstellungen, Bilder imaginieren lassen, um über diesen Umweg zum authentischen seelischen, körpernahen Material zu kommen. Doch die Einführung derartiger künstlicher Interventionen ist für die wirklich kausale Behandlung nicht sehr sinnvoll. Sie führen nicht ins Zentrum des Selbst und nicht in die ‚Verschränkung' von Trauma und Bewusstsein.

Hier, bei diesen eher frühen Erfahrungen und ihren Trau-
matisierungen setzt die Öko-Psychoanalyse an. Denn nicht
nur die Mutterbrust war ein wichtiges libidinöses Objekt,
vor allem die Oszillation von Blick-Angeblickt Werden,
das *Strahlt* wie ich es von Kohuts ‚Glanz im Mutterauge‘
erwähnt habe, und auch Aspekte der Umwelt, der meteoro-
logischen Atmosphäre, von Pflanzen, Tieren, Räumen,
Landschaften etc. spielen über das Geruchs-, und Berüh-
rungs- und positiv/negativen Lauterleben (ASMR) eine
große Rolle. Für die Öko-Psychoanalyse ist es nicht nur
wichtig, welche individuellen Erfahrungen aus der frühesten Kindheit speziell hinsichtlich der psychosexuellen Entwicklung oder sonst woher wieder erinnert oder treffend
rekonstruiert werden können und müssen, sondern auch
welche *Strahlt*-, ‚Fühlt‘-, Umwelt- oder sonstige Einflüsse
ständig auf uns positiv und negativ eingewirkt haben und
einwirken und wie diese mit einem primären *Spricht* verbunden sind.

Dieses *Strahlt* als ein Es ‚Fühlt' entstammt dem Philosophen D. Heller-Roazen. Er geht davon aus, dass schon die
alten Griechen, speziell Aristoteles, einen „inneren Sinn“,
einen Gemeinsinn, einen Öko-Sinn
postuliert haben. Es war vor allem der
Tast- und Berührungssinn, der ihn dazu
animierte. Und tatsächlich, wir sprechen problemlos von der Schaulust,
aber nicht so einfach von der Tast- und
Berührungslust. Wir sprechen vom
Blick als dem Objekt der Schaulust,
aber nicht vom Getast als dem Objekt
der Berührungslust. Dagegen könnte

ein „Es Fühlt" uns vielleicht anschaulicher vermitteln, was mit diesen „inneren Sinn" wirklich gemeint ist, der von der Wissenschaft auch als Könästhesie bezeichnet wird. Im Grunde genommen geht es wieder um das Gleiche wie in der oben beschriebenen Konnaturalität. Das Konnaturale ist ja ein Gemeinsinn, ein Sinn, in dem wir schon dem anderen verbunden sind. Der Psychoanalytiker N. Symington sprach hier auch von der „Thathood", der „Dasheit".

Wir müssen die Betrachtung also anders aufziehen. Es kommt offensichtlich nicht nur darauf an, ob vegetarisch gelebt wird oder nicht, sondern wie man die Nahrung zubereitet und zu sich nimmt. Ob man sie mit einer gewissen Wertschätzung versieht oder einfach nur als Ware verschlingt. Weltanschauliche Thesen zum Tierschutz gelten hier nicht, aber wer das Bild hier auf der linken Seite oben betrachtet, wird doch etwas betroffen werden. Es zeigt Schafe, die sehen, wie es den Tieren vor ihnen gerade ergangen ist.

Drei Schafe warten im Schlachthof gerade darauf, dass sie an der Reihe sind, das gleiche Schicksal zu teilen (Bericht der SZ vom 29/30. Mai 2010, S. 22). Natürlich denken sie nicht mit Entsetzen darüber nach, sie reflektieren nichts, aber dass sie vollkommen unberührt davon sind, glaube ich auch nicht. Sie riechen das Blut, sie sehen die herabhängenden Körper und Felle. Na ja, vielleicht werden auch sie nur stutzig. Eben genau hier kann man Öko-Psychoanalyse lernen nach der von mir oben bereits angegebenen Methode. Denn die Wahrheit, um die es hier geht, kann man nur mit der „der Liebe unterstellten Wissenschaft" erfahren. Wie soll man je wissen, was hier wirklich passiert?

Unsere Umwelt lebt viel authentischer als wir es sehen, vielleicht ist höchstens ein tonnenschwerer Uranklotz tot, aber sonst regt und lebt alles in unterschiedlichster Weise. Nur wie das in eine nicht vollkommen willkürliche und sektiererische vielen vermittelbare Form bringen? Schließlich ist das Leben einer Amöbe etwas anderes als das eines Menschen. Es gibt eine horizontale und eine vertikale Achse des Begriffs Leben. Ich habe dies in der folgenden Abbildung dargestellt. Die vertikale x-Achse ist die, die unten mit dem Prokaryonten beginnt, Zellen ohne Kern, Viren, Prionen. Vielleicht könnte man bei noch undifferenzierteren Formen anfangen. Nach oben hin steigert sich die Komplexität bis hin zum Menschen. Die waagerechte y-Achse ist die der Bedeutung, des Symbolischen, der *Signifikanten*. Hier steht links das einfachste nur denkbare Ökosystem, die Beziehung von Wasser, Luft und Erde, also so Ähnliches wie es früher in den Mythen der vier Elemente schon vorkam, aber heute zählen wir mehr Grundelemente.

Ganz rechts außen dagegen steht die Beziehung des Menschen zum Menschen (ich gehe davon aus, dass darin sich auch so etwas wie die Beziehung zu einem Gott oder zur akribischsten Vernunft zum Ausdruck bringen kann). Die Öko-Psychoanalyse ist nun die z-Achse, die sich quer durch das ganze Leben und Ökosystem einschließlich psycho-

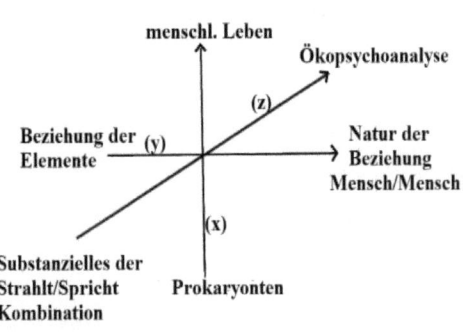

analytischer Grundlagen schräg nach rechts oben und hinten zieht. Sie schließt die Mensch / Mensch – Beziehung ein, aber nur am äußersten Rand, so wie sie sich auch nicht so vorwiegend um die Beziehungen früher Formen „primitiven" Lebens kümmert. Ein Gärtner kann ein guter Ökopsychoanalytiker sein, wenn er nicht nur von der Botanik etwas versteht, sondern auch von Gartengestaltung bis hin eben zu den Geheimnissen, mit denen eine seltene Pflanze, ein neu entdecktes pflanzliches Heilmittel, ein besonders ästhetisches Gewächs zwischen den Menschen Harmonie und Verständnis für all das Leben vermitteln kann. Aber was ist nun der Ausgangspunkt der z-Achse?

Diesen Fragen haben sich Philosophen und Ethiker schon seit vielen Jahren auf ihre Weise gestellt. A. Kallhoff z. B. hat Details einer ‚Pflanzenethik' entworfen, die sich am Gedeihen der Pflanzen und an der Beziehung Mensch-Pflanze orientiert. Sie spricht den Pflanzen einen moralischen Status zu und begründet dies unter anderem mit dem ‚objektiven Wert der Selbstbesorgtheit des Lebendigen'. Ich kann hier nicht alle ihre sehr komplexen ethisch-philosophischen Gedanken auflisten. Aber es ist klar: Pflanzen haben ein eigenes Überlebensrecht, das den mit ihnen lebenden Menschen oft nur sehr schwer zu vermitteln ist. Die Frage der Moral ist deswegen schwer zu stellen, da sie aus herkömmlicher Sicht gar nicht in den Blick kommt. Aber – so Kallhoff – sie kann für die ethische Diskussion äußerst geeignet sein.

Der Maler tut dies mit der Kunst, und vielleicht könnte dies ja schon ausreichend sein. Der Politiker tut es wie gesagt mit seiner grünen Ideologie, auf die ich hier jetzt nicht so

eingehen will, weil dies anderweitig schon so viel geschehen ist, und es ja hier nicht um die Spiele der Politik geht.[89]
Aber der Maler und noch besser der Kunsttherapeut kann
es vielleicht noch auf intensivere Weise tun. Es geht um
den Erhalt der Freiheit von Entscheidungen hinsichtlich der
uns umgebenden Welt. Wenn es nur noch Datenströme
sind, die uns umgeben, ist wohl irgendetwas schon völlig
falsch gelaufen. Doch von was geht nun in der obigen Abbildung der Pfeil zu Ökopsychoanalyse aus? Es muss etwas
geben, das das A des Anfangs macht.

Nun kann man der Natur nicht unterstellen, dass sie manches ‚freiwillig' und manches ‚unfreiwillig' dem Menschen
zur Verfügung stellt, wie gelegentlich behauptet wird. Um
den psychoanalytischen Aspekt mehr zu berücksichtigen,
muss ich sagen, dass das, was die Natur im Überfluss und
luxurierend verteilt, genau nach den ‚freien', meist über-
schießenden und ausufernden ‚Assoziationen' klingt, die
der Analysand von sich geben muss. Nur da, wo Reichtum
vorherrscht, kann man sich etwas nehmen. Eine höhere
Steuer ist notwendig, wenn zu viel Geld mit meist nicht
mehr ganz koscheren Mitteln angehäuft wurde. Ohne jetzt
sozialistisch zu sein ist es keine Frage, dass man mit der
Natur so umgehen kann, wie man mit den Wucherer umgeht, nur dass die Natur ‚freiwillig' wuchert. Aber gerade
diese Art luxurierenden Umgangs ermöglicht, das Gewu-
cherte an die Menschen zu verteilen und zwar nach Maßgabe der ‚Dasheit', des notwenigen Gemeinsinns, des in-
ner/outer touch. Aus dem Überfluss an ‚freien Assoziatio-

---

[89] Hummel, von, G., Politik / Therapie. Begreifen, was man schon
weiß, BoD (2018)

nen' in der Psychoanalyse zieht man, genauso wie aus dem Überfluss der Natur nur die heraus und stellt sie ins Tageslicht, die der seelischen Gesamtökologie, d. h. ihrer Wahrheit nutzen.

Gerade weil das Unbewusste also wie die Natur gewisse Dinge im Überfluss zur Verfügung stellen, kann man nur das zur Deutung und zur letztlichen Gestaltung verwenden, was der letztlichen Reifung, der Einpassung in das Eigentliche und dem gleich verteilt Nützlichen für alle dient. Dies wird nur ein kleiner Bruchteil des Ganzen sein, dafür aber ein essentieller Bruchteil. Man muss wie Franz von Assisi vorgehen, der zweifellos schon ein Vorfahr der Öko-Psychoanalyse war. Er hat der Natur zuerst zugehört und dann mit ihr gesprochen. Freilich hat er vieles etwas übertrieben formuliert. Übertrieben insofern, als er laut mit den Tieren redete, so dass ihn jeder für verrückt halten musste. Das muss man ja nicht tun. Vom luxurierenden Überfluss habe ich auch schon bei den schwärmerischen, ekstatischen Konvulsionen der Heiligen Theresa von Avila gesprochen. All diese Fälle von Luxurismus möchte ich daher in gleicher Weise, wie ich es mit dem akustischen Wellencharakter des ,Klangs' getan habe, unter einem Nenner zusammenfassen, und zwar unter dem von Überfluss und Bescheidung, von Luxurierendem und Minimalismus.

In diese Richtung argumentierte auch der in den 80ger Jahren des letzten Jahrhunderts agierende Öko-Politiker E. Schumacher. Seine Devise war das „Small is beautiful". Er fing im ganz Kleinen zu Hause an und versuchte die Zeichen aus dem griechischen Wort polis (Stadt) und dem tik dahinter zu retten, indem er es als Miniaturformat für jeden einzelnen empfahl. Jedermann sollte ganz individuell politisch arbeiten. Aber Schumacher war auch Ökonom. Eine Studie über ein neues Verrechnungssystem für Devisen brachte ihm sogar den Ruf ein, einer der Väter des Euro zu sein. Die "Produktion von lokalen Betriebsmitteln für die lokalen Notwendigkeiten ist die rationalste Weise des Wirtschaftens", war eine seiner entscheidenden Aussagen. Er war ein Ökopsychoanalytiker, der den Sinn für die kleinen Dinge des Lebens schärfen wollte, und genau dies ist Öko-Psychoanalyse.

Ich fasse nochmals zusammen: das „Small is beautiful" mag ein kleiner Bereich der Natur oder sonst wo ein in der Umgebung bevorzugter Platz sein, als lebendiges Etwas, das eben durch Beschäftigung damit und meditative Betrachtung als Teil des eigenen Inneren erfasst werden. Das Minimale repräsentiert dann das Übergroße, das Außen wird dann zu einem Objekt im Inneren und umgekehrt. Ich nehme dann nicht nur wahr, sondern werde auch wahrgenommen, sehe nicht nur, sondern werde auch gesehen. Ich spreche und werde auch vom Wortbezogenem gestaltet. In der Psychoanalyse nennen wir dieses Zusammenfinden dann eine ‚Objekt-Konstanz'. Ein seelisch-ökologisch abstrahiertes, aber ‚gutes Objekt' wird dann zum Stütz- und Haltepunkt meiner selbst, es ist draußen und drinnen zugleich.

Früher habe ich als Arzt einige Zeitlang Patienten mit homöopathischen Mitteln behandelt. Ich habe diesen Weg später aufgegeben, weil die Homöopathie mir zu sehr vom Suggestiven abzuhängen schien. Die gegenseitige (Arzt und Patient) Überzeugung von der Wirksamkeit der Homö-

opathie, der ernsthafte Glaube und die gemeinsame Anstrengung nebenwirkungsfrei zu arbeiten, sind sicher gute
und wesentliche Elemente eines Heilverfahrens. Dennoch
liegt über der Homöopathie der Schatten einer nicht wirklich korrekten Wissenschaftlichkeit. Ich möchte jedoch hier
ein mit der Homöopathie zusammenhängendes Beispiel
erwähnen, das für das Verständnis der Öko-Psychoanalyse
hilfreich sein kann.

Vor ca. dreißig Jahren konnte man nämlich noch Uran in
homöopathischer Verdünnung verschreiben. Ohnehin war
bei einer Dosierung von D10 oder höher keine physikalische Gefahr von der Radioaktivität dieses Metalls zu erwarten. Trotzdem hat man das Mittel später – im Zeitalter
zunehmender atomarer Ängste – verboten. Damals aber
hatte ich jedoch damit ins besonders bei Depressiven gute
Erfolge. Der Zusammenhang ist nicht schwer zu verstehen,
aber meine Erklärung betrifft nicht den Sinn der Homöopathie, die von dem Arzneimittelbild einer Uranvergiftung
ausgehen müsste.

Similia similibus curantur, heißt das Motto der Homöopathie, Ähnliches wird durch Ähnliches geheilt. Eine Eisen-
und Phosphorvergiftung erzeugt Hitze, Röte, Entzündung.
Also kann man laut Hahnemann, dem Begründer der Homöopathie, mit einer hochgradig verdünnten Lösung von
Ferrum phosphoricum Fieber und Entzündungen behandeln. Eine Uranvergiftung aber hat mit Depressionen
nichts zu tun. Es geht eher um einen psycho-physischen
bzw. ökopsychoanalytischen Mechanismus, der den *Signifikanten* ‚tödliches Uran', ‚Verdünnung' und Verwendung

als ‚Medikament' innewohnt. Das ist mehr als übliche Homöopathie, das ist ‚Verschränkungs'-Behandlung.

Ein Metall nämlich, dem man nichts von seiner Strahlung ansieht, das weder heiß noch kalt ist, nichts Spürbares auslöst, aber von dem man weiß, dass es eine der interessantesten, stärksten, durchschlagendsten Strahlenarten in sich birgt, löst eine similia–similibus-Erfahrung auf einer mehr öko-symbolischen Ebene aus. Der Depression sieht man ihre Ursache nicht an, sie entsteht rätselhaft aus dem Inneren heraus und durchstrahlt mit ihrer dunklen Düsterheit das ganze menschliche Individuum.[90] Meine Patienten, denen ich dieses homöopathisch aufbereitete Uranmedikament gab waren auf jeden Fall sehr beeindruckt, dass sie solch einen Stoff bekommen sollten und waren verunsichert. Wenn ihnen auch klar war, dass sie die eigentliche Radioaktivität hier nicht mehr zu fürchten brauchten, so lag doch das Fluidum des Mächtigen, Geheimnisvollen und betont Magischen über dieser Verordnung.

Ein Geheimnis koinzidiert mit einem anderen Geheimnis. Eine Unheimlichkeit trifft sich und durchdringt sich mit einer anderen Unheimlichkeit. Similia similibus. Es sind doch mehr diese, fast möchte ich sagen: *Signifikanten*, die sich hier in der Behandlung zusammentun. Etwas Ähnliches passiert in der Öko-Psychoanalyse. Es ist die Umwelt, die immer schon eine Ähnlichkeit zu uns hat und die sich

---

[90] Unabhängig davon sehe ich auch einen Zusammenhang mit der psychoanalytischen Auffassung eines primären ‚Objektverlustes', denn es handelt sich ja nicht um einen realen Verlust, sondern um einen auf der Ebene der *Signifikanten*, deren Schwerpunkt auf dem Symbolischen und Realen liegt.

daher ideal zur Lösung und Heilung unserer Probleme an-
bietet. Es geht dabei hier nicht um die politische Ökologie,
die sicher auch notwendig ist. Vielmehr geht es um eine
Psychotherapie, die gerade für Menschen, die krank sind,
hier einen besonderen Zugang zu ihrem Problem zu haben.

Wir haben das ‚Fühlt‘, die ‚Dasheit‘, nicht mehr so in uns,
wir spüren nicht mehr, dass die Welt durch und durch an-
gemessen erotisiert ist. Das war eigentlich auch Freuds
Aussage, nur hat er sie speziell auf die Libido als einer von
bestimmten Körperzonen ausgehende und nach außen –
auch aggressiv - gerichtete Begehrensenergie bezogen. Die
Psychoanalytikerin Schmidt-Hellerau hat diesen libidinösen „Energiezonen" biogene Zonen gegenübergestellt, die
nicht völlig unerotisch sind, sich aber – auch aggressiv
vermischt - mehr nach innen richten.[91] Beide Energien
können sich meines Erachtens zu dem „inneren Sinn" vermischen, zu einer umfassenderen Dasheit, zum Öko-Sinn.
Diese Triebvermischung erinnert ein bisschen an das, was
die Heilige Hildegard von Bingen die „viriditas" nannte,
die Grünheit. Die Heilige schreibt es zwar nicht so, aber ich
denke, dass diese etwas erotisierte „viriditas" auch das
„Durchrieseln", Gruseln, Schaudern vermitteln kann, die
gesunde Negativität des *Anderen,* die Verschränkungs-
Behandlung.

Nun wird natürlich auch klar, dass ich hierzu wieder mein
Verfahren der *Analytischen Psychokatharsis* heranziehen
muss, sollen alle diese Bemerkungen ernst genommen wer-

---

[91] Schmidt-Hellerau, C., Lebenstrieb und Todestrieb, Verlag Int.
Psychoanalyse, (1995) S. 316-18

den. Denn von ganz alleine kommt die Konnaturalität, die Bioethik, das „Fühlt" nebst Kitzel und negativem Schaudern nicht mehr zustande. Wir müssen heutzutage eine Methode benutzen, mit der wir all dies wieder erwecken können. Selbstverständlich aber nicht so wiedererwecken, dass wir von unserer heutigen Anonymität und nüchternen Sachlichkeit ins platonische Schwärmen und esoterische Ekstasen geraten. Es muss ökopsychoanalytisch klar gesteuert werden. Dazu müssen die Bäume genauso wenig wie im Vorkapitel die Sterne nicht sprechen, wie dies heute in manchen Büchern, die sich sogar als wissenschaftlich ausgeben, behauptet wird. Aber sie müssen doch dahin gebracht werden, dass sie kurz davor stehen, so etwas zu tun. Man muss sie mit etwas Fast-Sprachlichem bereden, mit Wortklang-Bildern, die jedoch gerade nicht wie beim Heiligen Franziskus einen direkten Sinn haben, so dass man einen für verrückt halten könnte.

Der heilige Franziskus sprach ja in normalen Sätzen zu den Tieren und übte nicht *Formel-Worte* zu sich selbst hin, genauso wenig wie dies die Autoren tun, die sich jetzt für Bäumeflüsterer halten und damit glauben, mit der Natur als einem letztlich unbewussten Phänomen, Gespräche führen zu können. In der Analytischen Psychokatharsis betrifft dies nur den ersten Teil, die erste Übung, die Katharsis, in der man glauben kann, das Genießen, die ‚Jouissance' spräche mit einem. Doch damit bleibt man noch beim Märchen, bei den blumigen Mythen. Für ein wirkliches Gespräch ist die Wahrheit als Hintergrund notwendig, die Wahrheit als ständige Kehrtwende, die die Täuschung, die Lüge und die Verdrängung entlarvt.

Das materiale Subjekt

11. Die *Pass-Worte*

Zuerst das praktische Beispiel: Einer meiner Patienten hatte beim Üben der *Analytischen Psychokatharsis* plötzlich die Eingebung oder den ihm selbst befremdlichen und tatsächlich auch von seiner Art und Begrifflichkeit her konträren Gedanken, einen „Taubheitsanspruch" zu haben. Plötzlich war wie aus dem monotonen Gemurmel des *„Formel-Wortes"*, das er geübt hatte, wie aus einem Zustand kurz vor dem Einschlafen, der Kurzsatz „Hab einen Taubheitsanspruch" herausgeklungen. Er war sich nicht mehr ganz sicher, ob es nicht geheißen hat: „Nutz den Taubheitsanspruch". Aber es war ja egal, so oder so stand der „Anspruch auf Taubheit" im Vordergrund, daran war kein Zweifel. Jeder Mensch — so realisierte er nun sofort - hat wohl einen Anspruch auf Taubheit, d. h. er muss nicht immer alles hören und in sich tief hineinnehmen, was man sagt oder was so verlautet. Und vor allem für ihn selbst hatte es einen besonderen Sinn, denn er war jemand, der sich immer alles bis zum Geht-nicht-mehr anhörte. Auf der anderen Seite redete er sich jedoch auch oft um Kopf und Kragen. Er konnte sich schlecht verteidigen.

Jedenfalls spürte er ganz deutlich, dass das *Pass-Wort* „Taubheitsanspruch" dieser seiner Problematik galt. Einerseits hat man doch einen Anspruch auf das eigene Sprechen, auf etwas ganz elementares Eigenes, das in einem selbst anklingt, sich verkündet und das einem nicht von den anderen vorgekaut wird. Andererseits braucht man sich nicht all den Unsinn, der so geredet wird, zur Gänze und über die Maßen hinaus anzuhören. Gerade dieses eigene, unbewusste, persönliche *Spricht* erschien ihm unmittelbar den Punkt seines Komplexes bildlich- worthafter Art zu treffen. Zudem: Diesmal hatte er im Grunde genommen nicht etwas gehört, sondern gedacht. Es war trotz allem sein eigener Gedanke gewesen! Das machte alles besonders eklatant.

Es geht also darum, etwas in sich zu hören, zu denken, so als habe man es zu sich selber aus einer ganz anderen Position heraus gesagt. Aber generell und nach außen hin darf man auch taub sein. Das verschaffte ihm Erkenntnis analytischer Art und Katharsis körperlich spürbarer Entspannung. Hätte es ihm jemand anderer erzählt, dass er die Wahrheit in sich suchen muss und ihm etwas von einem „Taubheitsanspruch" gefaselt, hätte ihn das nicht sonderlich beeindruckt, sondern eher befremdet. Er hätte gedacht, derjenige will mich schon wieder einmal zu irgendetwas sehr Sonderbarem, Verrücktem bekehren. Sicher kann so ein Ausdruck wie das Wort „Taubheitsanspruch" auch einmal von einem Dichter oder Philosophen erfunden worden sein und vielleicht hat es auf den Leser eine Wirkung. Aber niemals wird diese Wirkung so stark sein, wie wenn sie aus dem eigenen Inneren kommt und auch noch intellektuell einleuchtend ist, weil sie einen direkten *Strahlt / Spricht* - Charakter für den Betreffenden hat.

Denn sofort erzählte mir dieser Patient weiterhin, dass er sich bei längerem Üben der *Analytischen Psychokatharsis* oft zu wenig „taub" gefühlt hätte. Tatsächlich spricht man bezüglich der Meditation von der „numbness", der Empfindungslosigkeit, der Taubheit des Körperbildes bei einer

Meditation und zudem hört man ja auch beim Üben lange nichts, bis die Stille schließlich zu laut zu werden anfängt, um es übertrieben zu sagen. Ja, er hätte lange nichts gehört und gedacht und wollte das Üben schon aufgeben – und auf einmal das! „Taubheitsanspruch!" Dieses Wort, meinte er, muss wohl von daher kommen, dass ihm der Körper oft zu wenig „taub" und nur still wurde, aber insbesondere auch, dass er sich über dem vielen Gerede ihm gegenüber nicht wehren könne. Er hatte also in doppelter Weise einen Anspruch auf „Taubheit".

Denn natürlich war er viel zu sehr auf die Ansprüche seiner Umgebung eingegangen, hätte jeden Rat ernst genommen und sich selbst gar nicht mehr zu Wort gemeldet, sondern nur in bestimmten kleineren Kreisen daher palavert. Seinem „Taubheitsanspruch" will er jetzt sein wahres „Rede-Begehren" gegenüberstellen, erzählte er mir. Diese Erfahrung mit der Eingebung der „ultrareduzierten Phrase" vom „Taubheitsanspruch" war ein *Pass-Wort* wichtiger Art für ihn geworden, an das er bei vielen Gelegenheiten dachte und es entsprechend umsetzte. Nun ist dies nicht sein einziges *Pass-Wort* geblieben. Wie bei den Träumen, wo oft auch erst eine Traumserie eine Deutung erlaubt, sind mehrere *Pass-Worte* eine konkretere Hilfe.

Ich muss bezüglich der *Formel-Worte* noch ergänzen, dass man meist mehr, am besten bis zu vier oder fünf gebrauchen kann, und so braucht man vielleicht auch manchmal mehrere *Pass*- bzw. ,Identitäts-Worte', um sagen zu können, dass man das Ziel des Verfahrens für sich erreicht hat. Das Erreichen des Ziels kann bei jedem ganz unterschiedlich sein, hier gibt es keine festen und starren Regeln. Aber ich glaube, es ist klar geworden, was ich unter den Gespräche mit dem Unbewussten und den darin wirkenden *Pass-Worten* verstehe, nämlich dass letztere einen passenden Ausdruck für das Intellektuell-Analytische und damit auch einen gewissen Kulminationspunkt der *Analytischen Psychokatharsis* darstellen. Die *Pass-Worte* enthüllen etwas ohne eine Wertung, und das ist die Wahrheit.

Mein Patient hatte bei der *Strahlt* Übung etwas wahrgenommen, von dem er sagte, es erinnere ihn an den chinesischen Spruch „jede Wolke hat einen silbernen Rand". Dies hat ihn fasziniert wie es das Silberband der Milchstraße auch hätte sein können. In diesen Momenten der Meditation wiederholte er seine *Formel-Worte*. Nun ist ganz klar, dass das E-N-S-C-I-S-N-O-M O-S-A-C-E-R-A-M (zwei *Formel-Worte* hintereinander) im Unbewussten der Silberrandpixel und der Wortklangreste vom Taubsein, Anspruch und anderem, die Herausgabe des T-a-u-b-h-e-i-t-s-a-n-s-p-r-u-c-h-s gedrängt oder emporgestoßen hat.

Dazu passt auch ein weiteres Beispiel von einem anderen Probanden der Analytischen Psychokatharsis, der ebenso beim Üben ein „*Pass-Wort* vernahm, nämlich: „So ist Zygonos". Der Betreffende konnte zuerst gar nichts damit anfangen, forschte jedoch nach und erfuhr, dass es im Altgriechischen als ein Ausdruck für „Joch", „Waage" „Glied" und anderes gilt. Auch fiel ihm die Zygote ein, wie man die erste Zelle nach der Befruchtung nennt. Etymologisch könnte zeugen damit verwandt sein. Zudem wird es in einer Schrift Keplers aus dem Jahre 1609 „Traum oder: Mond-Astronomie" verwandt und scheint – was gut hierher passt – etwas mit astronomischen Linien zu tun zu haben. Ich konnte Keplers Manuskript einsehen, aber keinen klaren Schluss daraus ziehen.

Letztlich war dem Betreffenden jedoch der Begriff „Joch", Yoga, und die Wortwurzel Zyg für Zelle und Zeugen am einleuchtendsten. Als Schüler hatte er keine alten Sprachen gelernt, es blieb ihm rätselhaft, wie es zu diesem Gedanken kam. Trotzdem gab es ihm einen identifikatorischen Halt: Er hatte keine Kinder und verstand dies als möglicherweise genetisch bedingt. Ob Gen oder nicht, jetzt hatte es einen Namen, den er so stehen lassen konnte. Er rückte zwar damit heraus, dass er eigentlich einem Kinderwunsch stets kritisch gegenüber gestanden sei, und vielleicht sei dies ein Mitgrund für das Auftreten des ‚Zygonos', obwohl er seine Kinderlosigkeit unproblematisch sehe. Allein, dass das Unbewusste zu so etwas fähig ist, beeindruckte ihn. Ich denke, dass manchmal die eine von den zwei Grundkräften mitgelenkte und dem ‚linguistisch Kristallinen' in der Präzision gehaltene Spur solche Neologismen hervorrufen kann.

Die Mitlenkung und Präzisierung eine *Pass-Wortes* wie dem ‚Zygonos' ist nämlich sowohl von der geometrisch-topologischen Seite her wie von der linguistischen sehr ähnlich. Dies bestätigt auch der Neurologe A. Jacobs, der bezüglich dieser unbewussten Vorgänge bild-worthafter Strukturen von „prototypischen Konzepten" oder Strukturschemata spricht, die neuropsychologisch vorgegeben erscheinen und ein tiefes unbewusstes Gedächtnis erster Prägungen enthalten.[92] Die Autoren erwähnen auch Stabreime und Gedichte als derartige Schemata. Der amerikanische Dichter W. Whiteman, der eine

---

[92] Jacobs, A., Schrott, R., Gehirn und Gedicht, Hanser (2011)

Synthese von Dichtung und Wissenschaft versuchte, drückte sich – analog zu Schrott und Jacobs Buch – ganz direkt so aus: „Wir sind das Gedicht".

Trotzdem sind die genannten *Pass-Worte* nicht direkt vom Buchstabenspiel allein her erklärbar. Doch es geht ja hierbei nicht um eine Anagrammatik, wo beispielsweise die Buchstaben der *Formel-Worte* auf völlig zufällige Weise vertauscht in den *Pass-Worten* wieder zu finden wären. So etwas kommt manchmal vor, stellt aber eher die Ausnahme dar. Letztlich geht es ja um die Semantik, also um ein ‚anders herum' des Sinns, der sich – wie gerade betont – zwar vom Wortklang-Bild inspirieren lässt, aber seine spezielle Bedeutung zum Bewusstsein bringen will. Das reine Wortklang-Bild der *Formel-Worte* regt im Unbewussten etwas an, aber da es ja mehrere *Formel-Worte* sind, die geübt werden, wird ein ganz elementarer Wort-Bild-Knoten (der ‚linguistische Kristall') im Unbewussten angeregt, ein *Pass-Wort* zu bilden.

Nicht alle *Pass-Worte* lassen sich zufriedenstellend klären. Ich hatte selbst erneut ein solches erfahren, nämlich: „Drei Mal Ungewöhnliches". Das klingt nun fast so wie der Spruch einer mittelalterlichen Magierin, einer Alchemistin und Astrologin, und ich konnte auch nicht viel damit anfangen. Freilich fielen mir gleich ein paar Dinge ein, aber als ich dann drei beieinander hatte, erschienen sie mir wiederum nicht ungewöhnlich, und hinsichtlich des Ungewöhnlichen brachte ich keine drei zusammen. Etwas anderes war es mit einem *Pass-Wort* schon bald danach: „Hast eine kleine Stimme". Ja, da war es wieder. Meine Stimme ist nicht schwach, nicht leise, aber eben klein, unbedeutend, niemand hört sie. Der Zensor im Unbewussten ist schon recht streng. Freud fasste unter den Begriff des Zensors eine Instanz zusammen, die vom Überich, aber auch von elementaren Hemmungen wie dem Es-Widerstand ausgehen konnte (also einer Hemmung, die nicht nur vom Ich ausgeht, sondern im Trieb- oder Überich-Geschehen selbst liegt). So konnte ich dem Unbewussten antworten: „Endlich sagst du einmal ungeschminkt die Wahrheit, und ich werde eine Marketingfirma beauftragen, meine Bücher zu promoten." Habe es aber dann doch nicht gemacht, nachdem die Verkaufszahlen doch etwas gestiegen waren.

Die Praxis der *Analytischen Psychokatharsis* habe ich in vielen Veröffentlichungen geschildert. Hier daher nur noch ein letztes Mal einen äußerst knappen Hinweis. In einer ersten Übung achtet man – in einer bequemen Haltung sitzend – darauf, ob man irgendetwas, das den Charakter eines *Strahlt* hat, wahrnehmen kann (Helligkeit bei geschlossenen Augen, Glanz, ‚Durchrieseln' etc.). Gleichzeitig wiederholt man rein gedanklich drei oder vier der beschriebenen *Formel-Worte*. Die eintretende Entspannung schaukelt sich so bis zu Katharsis (Befreiung, Beseligung) auf. Hier setzt man dann mit der zweiten Übung ein. Man konzentriert sich auf den ‚Ton', auf ein ‚Es Verlautet', auf das *Spricht* des Körper-Echos, das im Inneren (im Kopf rechts oder mittig) erklingt. Wenn es als ‚Stimme' herausklingt, d. h. ein wie fremd erscheinender Gedanke, muss man dieses *Pass-Wort* prüfen und evtl. weiter analysieren, oft aber hat es einen direkt erfassbaren wahren Sinn (wie Freud von manchen Traumgedanken sagte: ist wie vom Blatt ablesbar).

Und noch etwas zeigt den Charakter sowohl der *Formel-* wie auch der *Pass-Worte*. Sie bestehen aus sich ‚überstürzenden *Signifikanten*‘,[93] d. h. die Bedeutungsmacher purzeln übereinander her und geraten dadurch genau dahin, wo ich sie schon als die am Rande des Sprachlichen stehenden Ausdrücke bezeichnet habe. Ich zitierte Tschuang Tse, der es sich so sehr wünschte sich mit jemanden unterhalten zu können, der die Sprache, also die ursprünglichen Anordnungen der *Signifikanten*, vergessen hätte. Das ‚Überstürzende‘ ist auch der Zustand des Unbewussten, wo sich nach Freud die Triebe tummeln, aber auch in dem von mir in diesem Buch als roter Faden verwendeten Schicksalslogos findet sich stets etwas ‚Überstürzendes‘. Die sich überstürzenden Ereignisse bei Odysseus, das sich durch viele Aspekte von Schönheit und Grandiosität zum ‚Andern der Sterne‘ hin Ziehende oder das sich in ständigen Raum-Zeit-Verwirklichungen der Philosophin N. Barad ‚Überstürzende‘ passt auch hierher.

Es kann sein, dass die sich überstürzende Dichtung von J. Joyce in ‚Finnegans Wake‘ genauso wie die in E. Pounds ‚Cantos‘ die Grenze zur Psychose erreicht haben. Doch dies macht sie ja gerade so wichtig und besonders und lässt uns auch derartige Krankheiten besser verstehen. Das Üben mit den *Formel-Worten* kann auch diesen Kranken helfen, denn diese Formulierungen kommen ihnen entgegen. Kann man die Patienten aber dazu anhalten, sich auch stets des Aufbaus dieser *Formel-Worte* zu erinnern, nämlich dass sie

---

[93] Lacan, J., Seminar XXIII, Lacan Archiv, S. 149, wo der Autor die Literatur von J. Joyce (vor allem im Ulysses und in Finnegans Wake) in diesem Sinne interpretiert.

keine Bedeutung präferieren, aber sie werden trotz der ‚überstürzenden *Signifikanten*' einen Halt in deren Wissenschaftlichkeit haben können. Der Psychotiker leidet ja an den ihn stets überstürzenden Bedeutungen zu klar geordneter *Signifikanten*, und in gewisser Weise trifft dies auch auf andere psychische Störungen zu.[94] Halt gibt es nur am Rande des Abgrunds, ohne Abgrund fängt man nicht an darüber nachzudenken.

Y. N. Harari hat in seinem neuen Buch ‚Homo Deus' einen äußerst umfassenden – wenn auch umschweifigen, 600 Seiten – Überblick über die Welt- und Menschheitsgeschichte einschließlich ihrer nahen Zukunft gegeben.[95] Er geht davon aus, dass man alles Geschehen in Algorithmen von Datenströmen auffassen kann. Die Gesetze der Natur, der Biologie (DNA), der Neurowissenschaft und der digitalen Prozessortechniken lassen sich damit auf gemeinsame Nenner bringen. Während am Anfang der Erde und des primitiven Lebensbeginns noch ganz einfache algorithmische Datenströme wirkten, waren diese mit dem Auftreten von Tieren und Frühmenschen schon komplexer, wenn auch noch nicht so eng vernetzt.

Erst mit der Neuzeit erreichte die Vernetzung aber auch die Individuierung eine extrem hohe Komplexität. Diese wird nun im 21. Jahrhundert noch weit übertroffen durch die ausufernde Bio-, und Computertechnologie hin zu einem

---

[94] Das Unklare der Psychose liegt nicht so sehr in den ihn überstürzenden Signifikanten, sondern dass ihn sogar eine in ihnen liegende verpönte, unpassende, verworfene Klarheit ständig überstürzt.
[95] Harari, Y. N., Homo Deus, C. H. Beck (2016)

„Internet der Dinge", bei dem man schließlich nicht mehr weiß, wo noch der persönliche Mensch geblieben ist. Er ist vollkommen Teil des Systems bzw. des Dataismus geworden. Nun heißt dies nicht, dass er damit schlechter dran wäre oder gar unglücklich sein würde. Im Gegenteil, er würde gottgleich sein oder sich ganz stark auf dem Weg dazu befinden. Harari gibt allerdings auf den letzten Seiten zu, dass man diskutieren kann, ob wirklich algorithmische Datenströme die Ausgangs- und Weiterentwicklungsschritte sind, meint aber, dass irgendeine Art von Dataismus dennoch die Welt übernehmen wird.

Freilich sträuben sich in einem heutigen Menschen alle Datenfasern und -gefühle, denn es klingt alles sehr nach technischem Kunstprodukt, dem nichts mehr Menschliches anhaftet. Aber was heißt menschlich? Und ist Kunst schlecht? Als Modell kann man das ganze einmal ganz gut durchspielen. Wir sagen ja schon seit langem, dass die Welt mathematisch geordnet ist, nur merken wir dies nicht. Auch Freuds Unbewusstes und Lacans ‚linguistischer Kristall' ist so strukturiert fassbar, wenn eben auch nicht bewusst. Das einzige was mir einfiele, wie man diese Diskussion verbessern kann, sind tatsächlich die *Pass-Worte*. Denn sie entstehen individuell und doch lassen sie sich auch durch algorithmische Datenströme, die man hier auch ‚linguistische Semanteme' nennen könnte, erklären. Das einzelne, individuelle menschliche Subjekt wäre gerettet und doch auch verstanden und in alles andere eingeordnet.

Der Algorithmus Begriff in der Mathematik ist sehr präzise aber gleichzeitig auch sehr abstrakt. Ich habe schon erwähnt, dass bis heute keine wirklich empirische Theorie der ersten ganzen Zahlen existiert und man sich mit Axiomen hilft, die wohl auch nichts anderes als Algorithmen sind: grundlegende sprachliche Anweisungen für Rechenvorgänge. Ohne Sprache geht also nichts. Am besten aber die Sprache, die in sich selbst den Sprachvorgang bzw. deren ‚Wahrheit in ihrer Entstehungsform' (wie eingangs erwähnt) für jeden einzelnen präzise erfahrbar macht! „Ja, da sind zwei Andere", hörte ich noch, als ich mich nach den obigen Zeilen zur Meditation gesetzt hatte und fast eingeschlafen wäre. War des jetzt ein Traum- oder ein *Pass-Wort*?

Klar, ich bin in diesem Moment in den Traum hineingerutscht, war aber sofort wieder hellwach! Zwei Andere!? Es gibt doch bei Lacan nur einen *Anderen*, den *Anderen* als solchen. Selbst wenn er mit dem quergestrichenen *A̶* geschrieben wird, weil er laut Lacan nicht der absolut, total, manifest *Andere* ist, zeigte mir dieses *Pass-Wort* doch gerade an, dass es zwei Andere nur im Traum gibt. Nur wenn man zu tief in den Traumschlaf fällt, wenn alles durcheinandergerät, sind es zwei. Aber wie gut, dass es der eine, der meinige *Andere* ist, der mir das sagt, und der mir das nur so sagen kann, weil er eben der ist, den Lacan meint: derjenige, der wie Gott, wie das Transzendente, wie das Unbewusste nicht anders greifbar ist als durch ein *Pass-Wort* beim Üben der *Analytischen Psychokatharsis* (oder mittels einer längeren Arbeit mit einem Psychoanalytiker).

12. Linguistik der Lüge II

Wenn jemand etwas ganz klar sagt, argumentativ geschliffen, betont transparent, steht dies der Lüge nahe, wie Lacan in einem seiner letzten Seminare schreibt. Zu extrem die Wahrheit sagen zu wollen hinterlässt leicht den Verdacht, dass etwas mit ihr nicht stimmt. Auch wenn es keine krasse Lüge ist, mit der Wahrheit hapert es zumindest, denn diese benutzt ein Sprachgefühl, eine Bezogenheit auf den anderen, ein authentisches und doch auch differenziertes Sprechen, das den anderen eben in die Begründungen einschließt. Die Wahrheit sagt immer ich und dies hin zu einem du, das dementsprechend wieder mit einem ich antworten kann. Auch wenn zu wenig oder diffus gesprochen wird, ist zwar nichts gelogen, aber auch nicht wirklich gesagt. So gesehen kann man die Wahrheit eigentlich immer nur halb sagen.

Das Gleiche gilt auch für das gute Verstehen, von dem ich schon in einem Vorkapitel gesprochen habe. Ich hatte erwähnt, dass der Analytiker nicht zu gut verstehen darf, was sein Patient sagt, dann das führt ihn leicht auf eine vorschnelle, kurzschlüssige Lösung des anstehenden Problems. Auch die Marktfrauen, die untereinander tratschen, verstehen sich bestens, doch es handelt sich natürlich nicht um das Verstehen, was wissenschaftlich notwendig ist. „Ich verstehe mich so gut mit meiner Nachbarin," sagte eine, aber in Wirklichkeit tauschen die Marktfrauen nur Oberflächlichkeiten aus, an denen es nicht allzu viel zu verstehen gibt. Vor lauter Verstehen kann man ganz irre werden, und so ist es vielleicht nicht falsch, das Verstehen vom Begreifen zu unterscheiden.

Selbst bei einem Vortrag ist es nicht immer das Beste, wenn alles sehr gut verstanden worden ist. Oft ist es besser, wenn man nicht alles versteht, aber spürt, dass an dem Vortrag etwas Entscheidendes dran ist. Versteht man alles, weil es schon so vorgekaut und simpel gesagt wird, schläft man vorzeitig ein. Merkt man aber das Besondere und Wichtige, das Neue und Zutreffende, das mitgeteilt wird, hält man die Ohren gespitzt. Man versteht vielleicht nicht alles, hat aber begriffen, dass an dem Gesagten etwas dran ist. Wenn man den Inhalt nicht ganz erfasst hat, kann man ihn später noch nachlesen oder hört sich das Ganze eben nochmals an oder frägt nach.

Denn wer versteht, weiß, was auch der andere weiß. So wissen wir heute z. B. so ungeheuer viel über den Nationalsozialismus und die Zeit des Dritten Reiches, trotzdem haben wir noch nicht begriffen, was damals wirklich passiert ist.[96] Exakt um dieses Phänomen geht es ja auch im Unbewussten. Denn „das Unbewusste ist der Teil des konkreten Diskurses als eines überindividuellen, der dem Subjekt bei der Wiederherstellung der Kontinuität seines bewussten Diskurses nicht zur Verfügung steht".[97] Es ist „das Kapitel meiner Geschichte, das weiß geblieben ist oder besetzt gehalten wird von einer Lüge". Es sind die Verdrängungen, die uns bei dieser Lüge helfen, die im Endeffekt sogar eine Lebenslüge werden kann, was hilfreich für den Tod ist.

---

[96] Maier, H., in der SZ vom 27.11.00, wo der Autor diesbezüglich fragt: „Wie lernt man zu begreifen, was man schon weiß."
[97] Lacan, J., Schriften I, Walter (1980) S. 97-98

Wer nämlich dauernd die Vertuschungs,- Veruntreuungs-
und pinocchioartigen Lügenkämpfe durchstehen muss, lebt
nicht so lange.

Am schlimmsten ist es also, sich selbst zu belügen, und
doch machen es fast alle. Denn meist erkennt man nicht
rechtzeitig, worin der Kern der Lebenslüge sitzt. Sie sitzt –
sehr vereinfacht gesagt – in einem Komplex der erotischen
Grundstrebungen einerseits und der aggressiven Strebungen andererseits. Beide sind jedoch sehr verschieden strukturiert, bilden aber zusammen das ursprüngliche Schicksalslogo. Die erotischen Strebungen reichen von monoma-
nischem Sex bis zu den höchsten altruistischen Liebeshand-
lungen, die aggressiven von blinder Zerstörungskraft bis zu
großartigen Werken in der Lebens-, Kunst- und Sozial-
Gestaltung. Doch alle Höhen sind nicht zu erklimmen, eine
gute Mischung auf halber oder dreiviertelter Höhe verwirklicht schon ein ausreichend gutes Logo, mit dem man nicht
nur gut leben, sondern auch gut sterben könnte und mit
Halbwahrheiten zufrieden ist.

Wie erwähnt reichen nämlich die besten Kulturleistungen
alleine – so Freuds Diktum – nicht aus, um solch ein Ziel
zu erreichen. Im Gegenteil, meist ist es gerade die Kultur,
die einen im Wahn eines Glücks-, Sicherheits- und Fort-
schrittszustandes leben lässt, doch seitwärts und hinterrücks
brechen die sexuellen und aggressiven Tendenzen wieder
durch. Deswegen sprach Freud vom „Unbehagen in der
Kultur" (nicht an, sondern in ihr), weil in ihrer Mitte die
Gegenkräfte am stärksten wirken. Sie tragen z. B. dazu bei,
dass S. P. Huntingtons allseits bekanntes Buch vom
‚Kampf der Kulturen' die ‚Macht der Lügenbarone' heißen

müsste, denn die Kulturen bekämpfen sich gar nicht. Es
sind die Ideologien, die Macht nationaler, religiöser und
hundert anderer -ismen, die es immer geben wird. Selbst
die Psychoanalyse reicht nicht aus, die zu schroffen Tendenzen nieder zu ringen. Die Lügenbarone, die mit ihren
Logo die genannten Tendenzen beherrschen, sind stärker.
Was kann man noch dagegen tun?

Um nicht dem Freud'schen Pessimismus zu verfallen, den
er im „Unbehagen in der Kultur" an zahlreichen Beispielen
ausführt (Kunst, Geborgenheit, technischer Fortschritt,
Ordnung, Hygiene sowie viele andere, die alle nicht wirklich glücklich machen), füge ich hier gleich an, dass die
Lust an der Wahrheit der vielleicht einzige Ausweg ist.
Nun klingt Freuds Statement fast paradox, kurios und übertrieben, hätte nicht er selbst sein gesamtes Werk gerade
diesem Zweck unterstellt. Irgendwo sagt Freud einmal,
dass die Psychoanalyse der Heilung nur wenig dienlich
sein, wohl aber der Wahrheitsfindung. Die Wahrheit hinter
dem Gestammel oder den Weitschweifigkeiten des Patienten herauszufinden, beglückt den Psychoanalytiker. Und
doch findet er das Letzte nicht.

Dies liegt daran, dass die Assoziationen des Patienten niemals so frei sind, dass sich alles aus ihnen entschlüsseln
lässt und die Aufmerksamkeit des Therapeuten sich nie so
ideal gleichwebend gestaltet, wie Freud dies erhoffte. Der
Literaturwissenschaftler E. Goebel meinte ganz generell,
dass Freud sich spätestens mit der Entdeckung des Destruk-
tions- bzw. Todestriebs das Konzept des ureigensten Genießens in Form weitreichender Sublimierung (speziell

auch Selbstsublimierung) vermasselt hat.[98] „Wenn die Strebung zu Destruktion und Tod tatsächlich ein Trieb ist, aktiv und dynamisch, dann zwingt ein solches Konzept miteinander legierter Eros- und Todestriebe zu viel Verzicht und Askese und mündet in Pessimismus", schreibt er. Für Verfeinerung, Sublimation bis hin zum Genießen als solchem, zur Lacanschen ‚Jouissance', ist dann kein Platz mehr.

Nun glaube ich gezeigt zu haben, dass das „inter-hot" sowohl ein derartiges Genießen wie auch eine Wahrheitsfindung beinhaltete, und ich damit also berechtigt von der Lust an der Wahrheit reden kann. Es handelt sich eben nicht um eine Wahrheit, die primär im sozialen Leben ihre Gültigkeit hat, sondern eher um eine, die eigentlich „intra-hot" heißen müsste. Denn sie spielt sich zuerst einmal im Betreffenden selber ab. Wie weit er dann damit in die Gesellschaft hinaustritt und sie dort veröffentlicht, ist seine oder eben auch eine andere Frage. Um dies noch weiter und besser zu erläutern, berichte in hier von einem zusätzlichen Beispiel, das ebenfalls das *Pass-Wort* eines seit längerem die *Analytische Psychokatharsis* Übenden war und zitiere später noch ein offenes, ehrliches Geständnis Freuds, das – gerade was die Wahrheit angeht – seine wahre Größe zeigt.

„Ihre Arbeitskleidung hat sie schon" klang dem gerade erwähnten Adepten der *Analytischen Psychokatharsis* aus der Tiefe herauf, und er wusste sofort, um was es ging. Mit ‚sie' war die Freundin gemeint, die er schon länger kannte

---

[98] Goebel, E., Jenseits des Unbehagens, transcript (2009) S. 10 - 14

und zu heiraten beabsichtigte. Und der Begriff ‚Arbeits-kleidung' machte auch kein Problem, erzählte er mir, denn sie bestand gerade aus nichts, also nur aus ihrer nackten Haut, aus der gesamten Oberfläche des Sexappeals. So sehr ihn überhaupt das Auftreten solch eines *Pass-Wortes* erstaunte, so sehr erschrack er aber auch über die ironische, ja fast höhnisch vorgetragene Wahrheit dieses Spruchs, der seine Freundin zur Sexarbeiterin degradierte.

Doch empfand er auch eine erhellende Überraschung bezüglich der Flapsigkeit und Direktheit des Ausdrucks. Kein Freund, kein Therapeut hätte ihm das so überzeugend und entlarvend sagen können. Schon gar kein Moralapostel. Freilich war die Wahrheit auch spöttisch, frivol, ein Witz unter Männern, aber irgendwie war sie auch beschämend. Vor allem aber gehörte sie zuerst einmal nur ihm, und das beglückte ihn, das fand er richtig toll. Dass man in sich selbst den Wahrheitsdedektor vorfinden kann, erlebte er wie eine kleine Sensation. Er fühlte sich stark motiviert, mir davon zu erzählen und mit den Übungen weiter zu machen.

Aber er erzählte es auch bald danach seiner Freundin, worauf sich beide viel Zeit für Gespräche über ihre Beziehung nahmen. Hatte er sie immer nur so gesehen? Konnte man offen über Phantasien sprechen, die jeder hinsichtlich ihrer Verbindung hatte? Wie oft kommt man einfach nicht darauf, das richtige Wort, den richtigen Anfang eines Gesprächs zu finden? Man muss den Wahrheitsdedektor in sich anrufen, doch dies geht nicht in der üblichen Weise eines Vorsatzes oder einer zu krassen Enthüllung, die man sich nicht zutraut. Wenn man einen Traum erzählen kann, wenn der andere ihn zu deuten weiß, mag dies ein ähnlich guter Einstieg in vertiefte und ehrliche Kommunikation sein. Aber wer kann dies schon? Selbst der Therapeut muss oft ganze Traumserien gehört haben, um eine zutreffende Deutung geben zu können.

Dagegen sind die *Pass-Worte*, die durch die aufschlüsselnde Struktur der *Formel-Worte* in Gang kommen, ein idealer Anstoß zur Selbsterfahrung, Selbstanalyse und erweiterter Kommunikation. Sie haben mit der Linguistik der Lüge, aber auch der Linguistik der Wahrheit zu tun. Dass sie „ihre Arbeitskleidung schon immer anhat", damit deckte mein Proband die Lüge auf, dass Frauen gerne in dieser Kleidung arbeiten wollen. Es ist ja alles schon vorhanden, die Freundin braucht ja nur loszulegen, ironisch gesagt. Mein Proband wusste sehr wohl, dass dies nicht stimmte, aber er hatte es nicht begriffen, so wie ich es oben von der Geschichte des Dritten Reiches erwähnt habe. Auch im Unbewussten wissen wir alles, auch im Schlaf wissen wir oft, dass wir träumen, und selbst wenn wir dieses Wissen verstanden haben, haben wir es nicht begriffen. In den *Pass-Worten* verstehen wir es nicht immer ganz genau, aber sie helfen uns, es zu begreifen.

Und zudem: wenn ich weiter oben Freud zitiert habe mit dem Satz vom „Glücksgefühl bei Befriedigung einer wilden, vom Ich ungebändigten Triebregung", muss ich noch ergänzen, dass Freud hier auch ein körperbezogenes Genießen betont. Eben dies fällt bei Ersatzbefriedigungen und gezähmten, ‚zielgehemmten' Triebbefriedigungen weg, und das Ungebändigte kann so nie und nirgendwo direkt umgesetzt werden, weil die menschliche Konstitution, soziale Regeln und Kulturleistungen dem entgegenstehen. In der *Analytischen Psychokatharsis* aber existiert ein körperbezogenes Genießen, die Katharsis nämlich, die sozusagen ganz ,anders herum' den Trieb befriedigt. Durch Selbstsublimierung gesteigert findet die Triebregung einen direkten Weg in den Bereich, den Freud „Wahrnehmungsidentität" nennt, also den ursprünglichsten Bereich des Psychischen, diesmal jedoch nicht in Form einer Halluzination eines zugrundeliegenden Wunsches, sondern eines innehaltenden Genießens (eines *Strahlt*, eines Ikonischen), das auch sprechen kann (eines *Spricht*, eines *Pass-Wortes*).

Dieses *Spricht* ist von der Nähe zur Psychose befreit, denn es unterliegt dem „Wächter unserer geistigen Gesundheit", der ,Zensor', die selbst im Schlaf wirksam ist und die von etwas ausgeht, das zwischen Es-Widerstand, Ich und Überich angesiedelt ist. Der ,Zensor' verhindert, dass wir morgens als völlig anderer aufwachen, als der wir abends zu Bett gegangen sind. Und so hilft er auch in der Halbwachheit der Meditation zu verhindern, dass ständig andere Gedanken als die der *Formel-Worte* überhand nehmen können. Nur in den kurzen Momenten, in denen der Zensor doch etwas nachgibt, kommen Allerweltsgedanken aber auch die *Pass-Worte* zutage, die man kurz rational verwerfen kann, oder als doch interessant aufnimmt und bewahrt. Nach dem Verwerfen werden gleich wieder die *Formel-Worte* geübt, und so kann kein pathologisches Phänomen auftauchen.

Ich muss jedoch zugeben, dass eine gute Psychoanalyse ebenso treffliche Lösungsworte produzieren kann. So erwähne ich Freuds eigenen Traum hinsichtlich seines Sohnes im ersten Weltkrieg.[99] Nach einigen Assoziationen und offen legender Deutung, gesteht Freud hier, dass trotz der „schmerzlichen Ergriffenheit, wenn ein solches Unglück [der Sohn könnte verwundet oder gefallen sein] sich wirklich ereignete, ein wiederwachender Neid gegen die Jugend, ja fast ein versteckter Todeswunsch den Schmerz lindern könnte." Das ist eine unglaublich ehrliche und offene Schilderung Freuds von ihm selbst und von seinen unbewussten Gedanken, wie sie einfach in jeder Therapie notwendig ist. So sehr das herkömmliche psychoanalytische Verfahren umständlich und weitschweifig ist, rate ich doch jedem, der sich vertieft mit der *Analytischen Psychokatharsis* beschäftigt, zu wenigstens fünfzig Stunden einer analytischen Psychotherapie und zu ausführlicher, entsprechender Literatur.

Ich habe die *Formel-* und *Pass-Worte* deswegen erfunden, weil sie an die Wahrheit noch direkter herankommen wie das Beispiel mit der Arbeitskleidung zeigt. Weitere klare und präzise vorgetragene Argumente sind nicht notwendig. Die *Formel-* und *Pass-Worte* lügen nicht. Sie sagen zwar nicht immer eindeutig klar die Wahrheit, aber sie ermöglichen sie genauso wie es die Algorithmen tun. Doch gegenüber den Algorithmen, die Harari für die Zukunft voraussieht, indem diese sich selbst gegenseitig erneuern und verändern und das heutige Individuum völlig unterbuttern, sind die *Formel-* und *Pass-Worte* in ihrem Schnittstellen-Aufbau transparent. Sie können kein Eigenleben entfalten,

---

[99] Freud, S., GW II/III, S. 564 (Freud träumte von Nachricht des Todes seines Sohnes, der aber nicht wirklich stattgefunden hat).

sondern nur das Eigenleben dessen, der sich selbst sein Eigen nennt.

Auch wer glaubt, das Verfahren nicht ganz alleine erlernen und bewältigen zu können, kann sich natürlich an einen Therapeuten halten, der ein analytisches Vorgehen favorisiert. Früher oder später wird man es jedoch alleine weiter verfolgen oder selbst an der Weiterentwicklung der *Analytischen Psychokatharsis* teilnehmen. Denn es ist genau so wichtig anderen etwas davon beizubringen wie sich selbst. Schließlich verhält es sich ähnlich wie in der klassischen Psychoanalyse. Freud selbst warb in seinem Plädoyer für die „Laienanalyse" dafür, dass jeder, der Erfahrung mit seiner Methode gemacht hat, auch Therapeut werden könnte. Nun werden allerdings wenige Patienten später selber Analytiker, obwohl sie doch viel Erfahrung erworben haben und das von mir entwickelte Verfahren speziell im Zusammenhang mit Astro- und Öko-Psychoanalyse ermöglicht jedoch einfacher, dass der Laie auch Mit-Wissenschaftler wird.

13. Der Knacks und das Genießen

Im Grunde genommen wollte ich mit der *Analytischen Psychokatharsis* nichts anders, als zwei recht unterschiedliche Arten der Seelenkunde oder – Seelenwissenschaft verbinden. Ich fasse den Begriff Seele etwas pauschal und umfassend als das auf, wovon es auch herkommt, nämlich vom deutschen Wort See. Darin sind wie auch im Wort Psyche alle Gefühlsregungen und geistigen Vorgänge eingeschlossen, auch solche, die unbewusst sind. So wie der See ruhig und wie traumverloren in der Landschaft liegt samt seiner unbekannten und dunklen Tiefe, so war er schon im Urgermanischen als ‚saiwaz' Sitz verborgener menschlicher Wesen. Nun ist die Psychoanalyse der Versuch, durch philosophische, neuro- und informationswissenschaftliche, linguistische und andere moderne wissenschaftliche Zugänge das mehr wortbezogene Gebrabbel der Menschen in der therapeutischen Sitzung und im Traum als ‚Seelisches' zu erfassen. Andererseits wird genauso in Yoga, Meditation, positiver Mystik, Schamanismus und hundert anderen intuitiven und mehr bild- und identitätsbezogenen Methoden nach dem gleichen ‚Seelischen' geforscht. ENS – CIS – NOM sollte der direkte Anfang für ein beide Versionen verbindendes Verfahren sein.

Doch dies zu realisieren ist unglaublich schwierig. Es genügte nicht, dass ich in beiden Bereichen jahrzehntelange Praxis betrieb und praktische Erfahrungen sammelte, ich musste auch die Theorien und Begriffe stets neu ordnen, umgestalten oder plötzlich verändern. In seinem Buch ‚Der Knacks' beschreibt R. Willemsen die Umschalt- und, Veränderungsmomente im Leben eines jeden Menschen. "Der Knacks", so schreibt ein Rezensent von R. Willemsens Buch, „das ist der Moment, in dem das Leben die Richtung wechselt und nichts mehr ist wie zuvor. Aber mehr noch als die großen Brüche interessieren die fast unmerklichen, namenlosen Veränderungen: die feinen Haarrisse in einer Beziehung, das Altern von Menschen, Städten, Kunstwerken, die Enttäuschung, der Verlust, die Niederlage – die unaufhaltsame Arbeit der Zeit."

„Der Knacks", so schreibt Willemsen selber, „verläuft nicht durch die Handlung, sondern durch das Bild, . . . die Handlung kennt Bindemittel . . ,'" während der Knacks abrupt und bindungslos ist.[100] Und weiter argumentiert er: „dass alle Charaktere gemischte Charaktere sind, dass wir einer Handlung zugleich vorauslaufen und auf sie zurückblicken, dass wir ein Paar sind uns es zugleich darstellen, dass wir nicht gleichzeitig sein können mit dem was passiert, also dauernd mehrzeitig sein müssen, dezentral leben, fragmentiert in der Erfahrung, brüchig im Selbstbild, das macht den Knacks zum Medium." Willemsen selber beschreibt über die hundert verschiedenen Arten von Knacks, was dann letztendlich den Knacks etwas verwässert. Denn durch die meisten Dinge, die er beschreibt bleibt das Leben dennoch wie zuvor und die allerfeinsten Haarrisse sind eben doch kein wirklicher Knacks. So gut die Idee vom Knacks ist, am Schluss bleibt in Willemsens Buch davon nicht mehr allzu viel übrig. Dagegen denke ich, dass manche *Pass-Worte* ein perfekter ‚Knacks' sind.

---

[100] Willemsen, R., Der Knacks, Fischer (2010)

Hätte ich nicht immer wieder den ‚Knacks' verspürt, der durch das Auftauchen der *Pass-Worte* geprägt ist, würde ich schon längst aufgegeben haben. In zwei meiner Bücher habe ich bereits veröffentlich, was ich hier nochmals tun muss, weil es so eklatant war. Beim Aufwachen - oder war es schon beim Üben der Meditation – hörte ich mich (oder Es oder den *Anderen* in mir) eines Tages sagen oder denken: „Sollst der Adam sein". An so etwas hatte ich nie bewusst gedacht. Wie sollte auch einem die Idee zu so einem seltsamen Auftrag kommen. Ich beschäftigte mich damals viel mit den Neandertalern und anderen Frühmenschen. Tatsächlich wollte ich durch Einfühlung so sein wie diese paläoanthropologisch schwer zu erfassenden Menschen, um deren konnaturales Erleben und beginnendes Sprechen voll verstehen zu können. Ich habe mich jedoch auch viel mit dem Alten und Neuen Testament beschäftigt, insbesondere in meinem Buch ‚Signifikant Gott?' Es war klar, dass wir alle Wurzeln in der jüdischen Kultur haben, in der auch Freud seine Psychoanalyse geschaffen hat, und dass das Wort Adam wohl von daher kam. Doch fasste ich nunmehr mein *Pass-Wort* sofort zusammen als ein „Sollst der erste Mensch sein", sollst noch mal da anfangen, wo man biologisch, mythisch, geschichtlich, religiös und kulturell, kurz: in jeder Hinsicht angefangen hat. Der ‚Knacks' war also perfekt.

Das kommt schon daher, dass das Umschalten vom Wachsein in den meditativen Zustand aber auch in den Schlaf wie ein ‚Knacks' vor sich geht. Von dem nach außen gewandten, hauptsächlich durch die Sinne geleiteten Ich wird im Schlaf plötzlich ein zerstückeltes und sich selbst anderes Ich-Viele, Ich in Freude oder Angst, Ich in Skurrilität oder gänzlicher Andersheit, Ich selbst sprechend und doch auch gesprochen. Während wir mit dem Außen-Ich, dem üblichen nach außen gewandten Bewusstsein, schon die halbe Welt erobert haben, merken wir an jedem Traum, dass die noch größere Hälfte in uns verborgen herumirrt oder sich deplaziert benimmt. Wir können zwar mit dem Ich-Bewusstsein einigermaßen leben, aber wenn wir wirklich alles wissen wollen und einen völligen Überblick, den ‚survol' wie Lacan sagt, den Überflug haben wollen, müssen wir diesen ‚Knacks' zwar erfahren, aber anders handhaben. Für meinen Fall war das nicht schwer.

Denn ich sollte der erste Mensch eben in diesem übertragenen Sinn sein, nicht religiös und nicht paläoanthropologisch, sondern nach wissenschaftlichen Kriterien wie es die Psychoanalyse Lacans vormacht. Wir müssen den Knacks zuerst in einem Genießen erfahren, in so etwas, wie ich es mit der Katharsis, in deren Gefolge ja dann auch die *Pass-Worte* auftauchen, schon mehrmals bezeichnet habe. In der Psychoanalyse unterscheiden wir drei Formen des Genießens wie die neben stehende Abbildung aus den Seminaren Lacans zeigen soll. Jϕ steht für das männliche, phallische Genießen, die ‚Jouissance phallique', die Symptomcharakter hat, denn sie befriedigt nie ganz. JA̶ bezeichnet das weibliche, das Genießen, das zwar vielseitig, vielschichtig aber trotz allem nicht ganz allumfassend ist (daher A 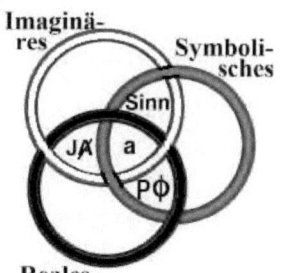 durchgestrichen). Schließlich fasse ich den Sinn als eine dritte Art des Genießens auf. Während nun Lacan scheinbar übergreifend für alle das ‚a', die ‚Objektlust' in die Mitte setzt, möchte ich eher die Kombination aus dem Kathartischen mit den *Pass-Worten* als die ‚Jouissance' per se bezeichnen, als die ‚Jouissance' der Sinnenthüllung. „Sinnverstehen ist Verstehen der Einheit, des Zusammenhangs. . . . Der Sinn – als Beziehung zwischen dem Imaginären und dem Symbolischen – wird zusammengehalten durch die Intervention des Realen, des Genießens (unter anderem in Form des Sprechens).“[101]

Doch auch das ist alles wieder nur Theorie, zu deren Ausgleich man sich dann in das erwähnte „Glücksgefühl bei Befriedigung einer wilden, vom Ich ungebändigten Triebregung" stürzen sollte. Wäre es nicht besser gleich mit der Praxis anzufangen, nun zwar nicht mehr in Form eines triebgesteuerten Sturzes, sondern in Form der kathartischen Selbstsublimierung, die auch voll umfassend Sinn macht, ‚sagesse', Weisheit. Man muss sich vorstellen, dass Freud einst von einer Organlust ausging, einem autoerotischen Genießen, das schon den Organen immanent ist. Die Organe erfüllen ihre Funktion sozusagen nicht ohne eine solch direkte, abreagierende Reaktion, wie man es am besten durch den im Volksmund üblichen Begriff der Herzenslust charakterisiert hat.

Doch das war ebenfalls nur Freuds theoreticher Ausgangspunkt, ob das alles wirklich so ist, ist eine andere Frage. In der Erfahrung des ‚Durchrieselns' aber, die eine atavistische Reaktion ist, und die sich vorwiegend am Hautorgan abspielt, wird die Sache mit der Organlust jedoch nochmals interessant und deutlich körpernah erfahrbar. Und so könn-

---

[101] lacan-entziffern.de/category/sinn/

te man auch sagen: die ‚Jouissance' ist auch das Genießen des Körpers per se, das ihm Stärke, Vitalisierung und Sinn gibt, ist der Körper doch selbst – wie Lacan konstatiert – eine ‚substance jouissante', etwas selbstgenießend Substanzielles, so dass man sich gar nicht weiter fragen muss, wie man das noch besser erklären kann: man muss es doch nur tun. Ich erinnere nochmals an Heller-Roazens ‚inner touch', der doch in jedem Menschen vorhanden ist.

Die Erfahrung des ‚Durchrieselns' ist eine körperbezogene Katharsis wie sie schon jeder sicher ein- oder mehrmals bei einem bewegenden Musikstück gemacht hat, wo es einem kurz prickelnd den Rücken hinunterläuft. Neuerdings nennt man es auch eine „Chill-out-Erfahrung", ein kribbelndes Relax-Erlebnis. Mache Menschen glauben sogar sie hätten eine Krankheit, wenn sie ohne äußeren Anlass so etwas Prickelndes spüren. Allgemein betrachtet versteht man unter so einer leichten Empfindung eines prickelnden oder ‚durchrieselnden' Schauers eine atavistische Reaktion, die mit tiefer Emotionalität zu tun hat. Die Frühmenschen haben wie berichtet vorwiegend über derartige Sinneserfahrungen von Haut, Blick und Gehör kommuniziert.

Sie haben nicht nur in Ausnahmefällen solche Empfindungen erfahren, sondern sich wirklich damit ausgetauscht und „gesprochen". Ihnen lief ständig mal ein sanfter Lust-, dann wieder Angst-, Erstaunens- oder Abwehr-Schauer über den Rücken oder durch den ganzen Körper. Sie sind sich sozusagen meist von ‚Haut-zu-Haut' begegnet. Auch Goethe bezieht sich wohl auf dieses ‚Durchrieseln', wenn er im Faust schreibt: „Das Schaudern ist der Menschheit bestes Teil". Doch es ist wahrscheinlich mehr ein ‚Durchschauern' gemeint, ein von innen her Erfasst Sein, wo man mit dem anderen eins ist.

Egal ob wir dies heute als Rest früherer Fähigkeiten – also als Atavismus - ansehen oder nicht, es geht sicher um eine tiefe begründete Emotionalität. die von der Wissenschaft auch als Könästhesie und Propriozeption bezeichnet wird. Im Grunde genommen geht es um etwas Ähnliches wie die von mir schon mehrmals erwähnte Konnaturalität, die totale Natur- und Wesensverbundenheit. Im Konnaturalen steckt ja ebenfalls der ‚inner touch‘, der Gemeinsinn, ein Sinn, in dem wir schon von jeher mit allem verbunden sind. Es kann sich vielleicht gerade um den Sinn handeln, der seine Spitze im Rätsel erreicht, weil dies ja bereits ein Aussagen ist, das seine Aussage allerdings allein nicht findet. So etwas passt genau zur *Analytischen Psychokatharsis*. Denn schon das *Formel-Wort* ist ein Aussagen ohne eigentliche direkte Aussage und mit dem *Pass-Wort* verhält es sich ähnlich. Aber gerade dadurch spitzt der Sinn sich zu, wird er durch das Wissen im Unbewussten angestoßen und schließlich auch - evtl. durch intellektuelle Mitarbeit – gelöst und gefunden. Das männliche Genießen kann das nicht leisten, und auch wenn auch JA dem Ganzen schon näher ist, so ist es doch so, dass es parallel dazu eine weibliche Angst vor dem Uferlosen des Genießens gibt und so die eigentliche ‚Jouissance' nicht erreicht wird.

Denn ganz so wie Gott können wir nicht genießen.[102] Man muss das extrapoliert verstehen, denn für den Psychoanalytiker existiert Gott nicht in der Weise, wie es sich die Reli-

[102] Lacan, J., Seminar XXIII, Lacan-Archiv Bregenz, S 50

gionen vorstellen oder beschreiben. Für den Psychoanalytiker ist Gott ein Körper ohne Gestalt, d. h. er verkörpert das Genießen als Reales, als Wirkliches, hat dabei aber keine Form oder Gestalt und zeigt und äußert sich auch somit nicht selbst. Deswegen können wir durchaus Anteil an diesem Genießen haben, und genau dies haben ja über die zwei, drei Jahrtausende hin die Mystiker, die Eremiten und ‚Heiligen' behauptet. Manche von ihnen wie der Sufimystiker Shamaz Tabriz sind deswegen geköpft worden, andere hat man verspottet. Man hat gedacht, sie halten sich ausnahmslos für Gott selbst. Dabei haben sie sich nur in der generellen ‚Jouissance' befunden. Heutzutage aber haben die Leute überhaupt keine Ahnung mehr davon, sie fürchten sich vor dem ‚Knacks', der darin versteckt ist.

So ein Schicksal kann dem Übenden der *Analytischen Psychokatharsis* nicht in falsch negativer Weise zustoßen. Trotzdem muss ich vor einer einseitigen Betrachtung der ‚Jouissance' als dem Genießen schlechthin warnen. Denn auch bei der ‚Jouissance' existiert ein ‚Gegen', die ‚Negativität des *Anderen*', eine Grenze, zu der ganz gut Rilkes erste Duineser Elegie passt:

„Denn das Schöne ist nichts als des Schrecklichen Anfang,
den wir noch grade ertragen und wir bewundern es so,
weil es gelassen verschmäht, uns zu zerstören.
Ein jeder Engel ist schrecklich. . . Ach, wen vermögen wir
denn zu brauchen? Engel nicht, Menschen nicht . . Es
bleibt uns vielleicht irgend ein Baum an dem Abhang, dass
wir ihn täglich wiedersähen;
es bleibt uns . . das verzogene Treusein einer Gewohnheit,
wem bliebe sie nicht, die ersehnte, sanft enttäuschende,

welche dem einzelnen Herzen mühsam bevorsteht. Ist sie den Liebenden leichter? Ach, sie verdecken sich nur mit einander ihr Los."

Das klingt fast etwas düster, wenn auch die ‚Negativität des *Anderen'* „es gelassen verschmäht, uns zu zerstören." Ich gehe daher – kompromissbezogen – von der Art des Genießens aus, die die eigentliche ‚Verschränkung' ist, die ihr eigenes Metier hat. Sie ist die ‚Verschränkung', die allen anderen zu Grunde liegt, auch dem er Quantengravitation. Jahrzehntelang haben Esoteriker aber auch anerkannte Physiker über umständliche und gekünstelte Systeme versucht, die ‚Verschränkung' zwischen dem Mikrokosmos der Quanten und der makroskopischen Welt auszudrücken. Der Physiker F. Capra hatte schon in den siebziger Jahren mit seinem ‚Tao der Physik' nicht uninteressant die Frage der Raum-Zeit-Problematik mit den Auffassungen der Leere im Zenbuddhismus verglichen. Auch fragte er sich, ob die Quark-Symmetrie nicht ein neues Koan ist, also aufgebaut wie ein zenbuddhistisches Rätselwort. Das waren faszinierende, aber absurde Analogien. [103]

Doch K. Barads ‚Verschränkung' als raum-zeitliche Materialisierung (vielleicht sollte man besser sagen: Verwirklichung) passt genau dahin und auch zur ‚genießenden Substanz' als solcher, zu ‚Jouissance'. In der *Analytischen Psychokatharsis* dient der befreiende, gehobene, kathartische Zustand in erster Linie der Bestätigung der *Pass-Worte*, denn als solcher hat er Beweischarakter. Die Katharsis wird ja benötigt, um über die seelischen Abwehren

---

[103] Capra, F., Das Tao der Physik, Scherz Verlag (1987) S. 246

und Triebansprüche ohne Verdrängung und Abspaltung derselben hinweg zu kommen. Die unbewusste Wahrheit kommt in manchen Bildern (Erinnerungen) zum Vorschein, aber man kann nicht in sie hineingezogen werden, wenn man die durch die *Formel-Worte* vermittelte kreative, rhythmische, ästhetisierende Katharsis und die analytischen Botschaften der *Pass-Worte* aus dem Unbewussten erfährt und mit ihnen arbeitet.

Und tatsächlich braucht man dazu nicht Engel und Menschen wie Rilke gedichtet hat. Man braucht nur den Glauben an die Wissenschaft, an Lacans Psychosemiose und dessen ‚linguistischen Kristall' in der Art von *Formel-* und *Pass-Worten*. Das alles beinhaltet einen angemessenen Optimismus, während das rein kausale Vorgehen in der klassischen Psychoanalyse einen leicht pessimistischen Zug hat. Dieser Zug erlaubt zwar eine sachliche Klärung, lässt den Betreffenden dann jedoch damit allein. Nochmals erwähne ich E. Goebel mit seinem Hinweis auf die pessimistische Struktur von Freuds psychoanalytischem Konzept, in dem für Verfeinerung, Sublimation bis hin zur ‚Jouissance' dann kein Platz mehr ist.

Die ‚Jouissance' muss von selber kommen. Wünschen und zu sehr Wollen sind Hindernisse für das Wirken in der Meditation. Psychoanalytisch gesehen gilt es als Abwehrmechanismus, will man unbedingt die Wahrheit hören, aber wenn sie von selber kritisch kommt, ja manchmal auch negativ oder beschämend, hat sie großen Wert. Mit dem Begriff der ‚Verschränkung' wird das ‚Genießen als solches' in einen Bereich versetzt, nachdem die Menschen seit Jahrtausenden immer gesucht haben und auch immer wieder in anderen Formen gefunden haben, ist eine wesentliche Besonderheit an sich. Es ist das ‚Genießen', das inmitten der ‚Verschränkung' sitzt und das ich weiter begründend eigens beschrieben habe.[104]

Es kann bei den alten Hebräern kein Gott gewesen sein, der Abraham befohlen hat, nur so zur Probe mal seinen Sohn umzubringen. Es muss sich um widersprüchliche ‚unverschränkte' *Pass-Worte* gehandelt haben. So kann man z. B. bei Abraham den gleichen Vaterkonflikt beobachten wie bei Moses und vielen anderen Erneuerern von Religion, Kultur oder Politik. Abraham zerschlägt die Götzenfiguren seines Vaters, der offensichtlich Priester war, und muss daher ebenso fliehen wie Moses wegen seines Mordes an einem Ägypter. Schließlich zwingt ihn das Bild des Priestervaters innerlich dazu, das sumerische ritualisierte Opfer des Erstgeborenen an seinem Sohn Isaak zu vollziehen. Es müsste schon ein seltsam verrückter und perverser *Gott* sein, der ihm dies – mal nur so zur Probe – angeraten hat. Vielmehr kämpfen im Unbewussten von Abraham seine zwei Vaterbilder, das sumerische und das eigene, rebellische, das er sich geschaffen hatte, miteinander. Doch so wie die Bibel den Vorgang schildert, bleiben diese Vaterbilder disparat, vollkommen ‚unverschränkt'.

Erst im letzten Moment besinnt sich Abraham und lässt das Messer fallen. Er hat erkannt, dass es sich um sein Unbewusstes handelte und hat den beginnenden neuen Rationalismus eingeschaltet wie ich es analog zu Horkheimer/Adorno auch bei Odysseus gezeigt habe. Widersprüch-

---

[104] Hummel, von, G., Das autochthone Genießen, BoD (2018)

liche Erfahrungen der Vorzeit haben erst nach langem Ringen mit Hilfe des neuen, mehr zu Rationalität neigenden Über-Ichs eine Lösung gefunden. Genauso hat Moses erkannt, dass es besser war das ‚gelobte Land' gesehen zu haben und am Berg Nebo zurück zu bleiben. Warum sollte er dorthin gehen, wo nur wieder neue Arbeiten auf ihn gewartet hätten. Das ‚gelobte Land' sehen ist der Gipfel des Genießens in seiner glücklichen ‚Verschränktheit'.

Ihren unbewussten Gesprächspartner haben alle diese Gründer und Erneuerer bis übers Mittelalter hinaus zwar zu Recht einen Gott genannt. Sie haben von einem psycholinguistischen Unbewussten nichts geahnt und mussten daher das/den *Andere(n)* für etwas Personales, ein menschenbezogenes dialogisches Wesen halten, einen universalen Vater, ein überirdisches Subjekt, man könnte ihm tausend Namen geben. Aber ein bisschen ist es auch heute noch so, auch wenn wir sagen, dass wir mit unserem eigenen Unbewussten reden und wenn wir ihm keine eigene irgendwie geformte Person zusprechen. Aber wir können Es, das/den *Ansdere(n)* lieben. Wir müssen Es vielleicht sogar manchmal ganz inniglich lieben, damit es uns auch wirklich antwortet. Nur in einem der Liebe unterstellten Diskurs gibt es eine Antwort.

14. Der erlernte Wille und die Epigenetik

In seinem Buch ‚Ich denke, also will ich' kreist der Philosoph J. Baggini um das Phänomen des ‚freien Willens'.[105] Er konstatiert, dass der ‚freie Wille' keine festzulegende Sache ist, nicht objektiv fassbar, nicht durch Beispiele und Theorien erklärbar. Aber in der ‚realen Freiheit' unserer heutigen, westlichen, zivilatorischen Welt gibt es eine klare ‚Ermessenswahrheit' dafür, dass wir – nicht ständig, aber doch immer wieder – ‚freie Willensentscheidungen' treffen können. Obwohl in den modernen Wissenschaften wie den Neurowissenschaften, Gesellschaftstheorien, Politik, Psychologie und nicht zuletzt ja auch der Psychoanalyse gerne die Determiniertheit des Subjekts durch seine Triebe beschworen wird, sieht der Autor keinen Widerspruch darin, auch inmitten von Zwang, Gesetzen und Regeln Raum für willentliche, sinnvolle Freiheiten zu entdecken.

Der einzige Ausweg aus dem Streit und dem Dilemma, ob es nun einen ‚freien Willen' gibt oder nicht, liegt also darin, den ‚freien Willen' durch keine Definition einzugrenzen. Baggini meint, dass „viele Dinge, die sich nicht gegenseitig stören", auch wenn es Automatismen, neurologische, genetische und physikalische Festlegungen und Fixierungen sind, dem Willen in ausreichenden Maßen seine Freiheit lassen. All dies klingt verbindlich und nicht unlogisch, das Problem mit dem ‚freien Willen' ist sozusagen philosophisch gelöst. Aber genügt dies? Kann man nicht etwas weitergehen und einen Weg aufzeigen, wie man bewusster, spürbarer und damit ja wohl auch verantwortungs-

---

[105] Baggini, J., Ich denke, also will ich, DTV (2016)

voller mit dem ‚freien Willen' umgehen kann? Zu Recht schreibt Baggini, dass eine zu weit gehende Freiheit eher zum Unglück führen würde, denn man wüsste dann gar nicht mehr, wer man eigentlich ist. Der ‚freie Wille' muss ja etwas sein, das auch in der Persönlichkeit irgendwie verankert ist, so dass man sich in den Entscheidungen, die man eben doch auch oft aus freien Stücken herausfällt, einigermaßen sicher und gut fühlen kann. Trotzdem, kann man den ‚freien Willen' nicht erlernen?

Nun schreibt Baggini, dass „die Empfindung für den ‚freien Willen' beim Menschen nicht ausgeprägt ist", d. h. man merkt nicht, wann man wirklich frei und wann man aus unbewussten Zwängen heraus so oder so entschieden hat. Doch das ist nichts Neues, diese Bemerkung wiederholt nur die allgemeine philosophische Auffassung des Willen-Freiheits-Problems in dem vieles unbestimmt bleiben muss. Baggini erwähnt auch den altgriechischen Begriff der ‚Eleutheria', was für ihn ‚politische Freiheit' heißt. Doch ‚Eleutheria' bedeutet auch Edelmut, Anständigkeit, Vornehmheit. In diesen Übersetzungen liegt also eine Andeutung, die in die Richtung eines Erwerbens, einer erlernten Fähigkeit geht. Der Edelmütige und Vornehme ist eben der, der freimütiger (eleutherios) ist, der mit dem ‚freien Willen' besser umgehen kann als das gemeine Volk. Dabei geht es um einen Edelmut, der nicht im Sinne einer Nobilität ererbt worden ist, sondern ganz offensichtlich erlernt werden konnte.

Schon Nietzsche hatte in seinem Zarathustra-Buch den gehobenen, vornehmen Übermenschen darzustellen versucht, der das Optimum von Freiheit und politischer Integrität sein sollte. Ganz anders die ‚Vision' der Heiligen Hildegard von Bingen, auf die ich in diesem Zusammenhang nochmals zurückkommen will. Sie konnte mit ihrer geistigen Schau von den Fixsternen, die sich – vertieft man sich nur lange und emotional genug in den göttlichen, klaren Nachthimmel – so eindrucksvoll am Tage des ‚jüngsten Gerichts' durcheinanderwirbeln werden. Im übertragenen Sinne heißt dies auch, dass sie durch ihre plötzliche Beweglichkeit eine Änderung ihres Schicksalslogos ermöglichen.

Nun ereignete sich der ‚Tag des Jüngsten Gerichts' für die Heilige öfters im Leben, er war für sie so etwas wie es heute in der Psychoanalyse eine gelungene Übertragungsdeutung ist: eine Interpretation ihrer persönlichsten Gefühle und Gedanken, die – wie erwähnt – oft um ihre Mitschwester Richardis kreisten. Bekanntlich hatte die Heilige eine so innige, persönliche Beziehung zu dieser ihrer Mitschwester, so dass sie – als Richardis in ein anderes Kloster versetzet werden sollte – alle Hebel in Bewegung setzte und sogar den Papst anschrieb, man solle diese Versetzung nicht zulassen. So groß war die Liebe und die damit verbundene Verschmelzungssehnsucht.[106]

So groß war aber auch die ‚Eleutheria', als es ihr nach dem frühen Tod von Richardis gelang, sich von dieser Leidenschaft zu befreien und Bücher über die geistige Freiheit zu schreiben. Geistige Freiheit hieß auch, sich willentlich frei

---

[106] Ich hatte schon in Fußnote 53 auf dieses unbewusstes Phantasma hingewiesen, das wohl nie ganz befriedigt werden kann, das aber auch nicht ehrenrührig ist und man es so der Heiligen einmal unterstellen darf.

zwischen den wahren Größen des Seins zu bewegen, von der Erde zum Himmel, von einfachen Alltagsproblemen zu religiösen Einsichten, von der ‚viriditas‘[107] zur Spiritualität. Es geht hier nicht um Entscheidungen für Kleinkram, sondern um solche für wörtliche Aussagen, in die die Heilige ihre ‚Visionen‘ übersetzen konnte. Genau so etwas meinte ich auch mit den gelungenen Übertragungsdeutungen, die zu mehr Klarheit, Bewusstheit, Gleichmut und seelischer Festigkeit führen, aus der heraus der ‚freie Wille‘ sich nicht nur vermehrt äußern kann, sondern auch besser erfahrbar wird. Hildegard von Bingen hat also viel freien Willen erlernt, als sie sich von ihrer Leidenschaft löste.

Mit diesem ‚besser erfahrbar‘ meine ich das, was Baggini den Menschen abspricht, vielleicht nicht gerade eine deutliche Empfindung, aber doch das verinnerlichte ‚gute Objekt‘ der Psychoanalytiker, eine seelische Stärke, in der man so ein bisschen baden, meditativ sich aufhalten und geistvoll reden kann. Gewiss ist damit nach wie vor keine ganz präzise Definition des ‚freien Willens‘ gegeben. Die gibt es – einvernehmlich mit Baggini – nun wirklich nicht. Ich kann aber damit etwas andeuten, zu dem ich ja schon reichlich in diesem Buch hinführen wollte: dass man nämlich den Zugang zum ‚freien Willen‘ auch ein Stück weit erlernen kann durch Psychoanalyse z. B. oder die *Analytische Psychokatharsis*.

Man muss nur erkennen, dass man als menschliches Subjekte dem Unbewussten unterstellt ist (subicere = unterstel-

---

[107] Wörtlich übersetzt heißt dies die ‚Grünheit‘. Gemeint ist eine dem Leben innewohnende frühlingshafte und erneuernde Kraft.

len), das heißt als ‚materiales', primär komplex-
wahrnehmendes Wesen (imaginäre Ordnung) dem Wesen
der Sprache, der symbolischen Ordnung angehört. Wenn
man sich damit auseinander setzt, bekommt der eigene Wille auch mehr Gehalt, mehr Wert, mehr Möglichkeit sich zu
äußern. Dazu dient – wieder von einer ganz anderen Richtung her – auch das Wesen der Epigenetik, mittel der sich
die sonst so festen, über tausende von Generationen be-
stimmenden Gene in ihrer Wirkung ändern lassen und somit mehr Freiheit garantieren, als man nach Darwins Logik, nach Nietzsches Machtwillen oder vielleicht auch nach
Hildegards Visionen glauben musste.[108]

Ich habe eine Wanderung des Schicksalslogos alias des
Bild-Wort-Wirkenden nach einem außen Oben (Sternenhimmel) und nach einem außen Unten (Natur) dargestellt.
Auch zu einem innen Oben, der klassischen Psychoanalyse
und dem Yoga Shiv Dayal Singhs habe ich Beiträge er-
bracht. Jetzt fehlt noch das Bild-Wort-Wirkende innen Unten, das ganz tief in einem selbst, nämlich als das im Zusammenhang mit den Genen, den Zellstrukturen und Ge-
weben Liegende, und diesbezüglich ‚Verschränkte' in einer
letzten Sicht. Denn dem luxurierenden iterativen und intra-
aktiven Außen stehen in der Erbsubstanz, in den Chromo-
somen des Zellkerns ebenso solche Vorgänge gegenüber.
Dort ist sie in Form vermittels der Desoxy-Ribo-
Nukleinsäure (DNA) verankert. Doch die Auffassung, dass
Gene, die also aus diesen DNA-Strängen in den Chromo-

---

[108] Der Darwin Fanatiker R. Dawkins musste diese neuen Er-
kenntnisse ignorieren, er meint, dass die Gene egoistisch sind
und so eigenwillig alles organisieren.

somen bestehen und unser gesamtes Erbgut tragen, praktisch unveränderlich sind, wird seit einigen Jahrzehnten durch die Epigenetik erschüttert. Denn hier sind wir ebenso ‚material-materielle Subjekte'.

Zwar ist dieser DNA-bestimmte Code sehr fest und widerstandfähig und kann eventuell nur durch Zufallsmutationen verändert werden. Doch es existieren auch sogenannte Transposons, die eigentlich springende Gene genannt werden, weil sie sich trans, kreuz und quer, hin und her bewegen und an immer wieder anderen Stellen andocken, und so die Wirkung der Gene deutlich beeinflussen können.[109] Diese also als Epigenetik bekannte Veränderungsfähigkeit kann die Gene jedes einzelnen Lebewesens an- oder abschalten oder deren Wirkung somit modifizieren. Grundsätzlich besteht kein Zweifel, dass beispielsweise gesunde Lebensführung, alternative Medizin wie Phytotherapie und andere Naturheilverfahren positiven Einfluss auf diese epigenetisch bekannten Mechanismen haben kann.

Und vor allem gilt es auch – rein statistisch – als gesichert, dass Psychotherapie und Meditation diese Wirkung haben können. Wie dies nun im Einzelnen zu verstehen ist und ob gar Folgegenerationen davon profitieren können, scheint noch schwieriger ergründbar zu sein. Schadstoffe sind physische Gebilde und können physische Veränderungen mittels Methylierung erzeugen. Aber wie sollen positive Gedanken in die Biochemie eindringen? Nun bin ich wieder beim gleichen Argumentieren wie in den Vorkapiteln. Ge-

---

[109] Max Planck Gesellschaft für Immunologie und Epigenetik, Freiburg (www.mpg>startseite>newsroom>news vom 29.3.17

danken alleine genügen wahrscheinlich nicht, um unser genetisches Bild-Wort-Wirkendes zu verändern.

Schon der Physiker und Informatiker D. Hoftstadter schrieb vor vielen Jahren im Scientific American, dass die Frage, ob die Henne oder das Ei früher dagewesen seien auf eine Unbestimmtheit verweist, die immer wieder auf andere Wissenschaften verschoben wird. Denn die Hardware-DNA vermittelt die genetischen Anweisungen über die Boten-RNA an die Ribosomen (RNA-Protein-Komplexe), wo wiederum Proteine hergestellt werden, die dann im Proteom, dem Gesamteiweißzustand und -vorrat der Zelle, ihre Arbeit verrichten. Ihre Arbeit besteht jedoch wieder daraus, Veränderungen an der DNA vornehmen zu können. Hofstadter stellte sich daher die berechtigte Frage, wie der genetische Code, also die gerade benannte DNA zusammen mit den Mechanismen für ihre eigene Übersetzung (Ribosomen, transfer-RNA, Proteine) überhaupt entstanden sein kann.

Es ergibt sich eine eigenartige Schleife all der beteiligten Substanzen, die endlos ist und nach wissenschaftlicher Erklärung ruft, die Hofstadter letztlich nicht beantworten konnte. In einer anderen Veröffentlichung erklärt er dies auch mit den ‚naiven', kompakten, elementaren Analogien, die durch ihre Unmittelbarkeit auch Kausalitäts- und Beweischarakter haben.[110] In diesem Buch spricht Hofstadter ebenso die Genetik erneut gezielt an und nennt sie eine ‚unterkomplexe Metapher'; auch ein schöner Ausdruck, der in

---

[110] Hofstadter, D., Surfaces and Essences: Analogy as the Fuel and Fire of Thinking, Basic Books (2013)

die Richtung geht, dass man das Letzte in der Genetik und Evolutionstheorie nicht wird wissen können. Das Proteom, die Genetik und die Epigenetik weisen eine ‚Verschränkung' auf, hinter die keiner völlig objektiv schauen kann. Das Subjekt ist wieder zuständig und man muss sich die Frage stellen, ob es nicht genügt alles bei dem statistischen Beweis zu lassen? Jeder muss selbst sehen, dass er sein Bild-Wort-Wirkendes verbessert.

Denn je weiter man in die Philosophie, in die Wissenschaften Mathematik und Topologie einsteigt, wie dies ja speziell Lacan getan hat, desto mehr Theorien erzeugt man, entfernt sich aber auch von der eigentlichen, speziell auf der Logik beruhenden ‚logischen Praxis', wie Lacan die Psychoanalyse nennt. Zudem liegt das Wesentliche auch in den gleichermaßen topologischen Verschaltungen des Nervensystems und des Unbewussten. Lacan verwendete dazu oft das Bild des Torus, der in der hier unten gezeigten Abbildung eben zwei Kreislinien, z. B. die Strebung des Anspruchs (*Spricht*) und des Begehrens (*Strahlt*) ineinander gewoben darstellt.

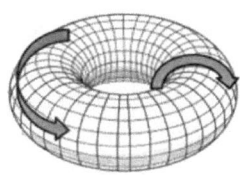 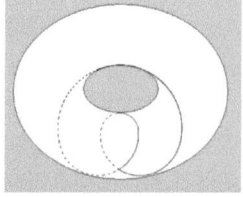

Abbildung des Torus, bei dem es den Längs- und den Querkreis gibt. Beide zusammengeführt (rechtes Bild) ergeben eine Verschleifung ähnlich der beim Möbiusband.

Dieses Doppelkreisgebilde ist selbstverständlich nicht ana-
tomisch oder rein neurofunktionell nachweisbar. Aber es ist
topologisch-mathematisch konsistent. Zumindest könnte
man hier auch von dem letzten Buch des gerade zitierten
Physik-Philosophen D. Hofstadter sprechen, dem er ebenfalls derartige topologische Schleifenbildungen favorisiert,
was das Ganze zwar noch mehr abstrakt theoretisiert und
vielleicht eher ad absurdum führt, als dass es hilfreich wäre.[111] Aber ich habe leider nichts Besseres zu bieten. Nach
wie vor denke ich, dass hier die *Formel-Pass-Wort*-
Methode und ihre psycho-linguistische, ihre *Strahlt /
Spricht*-Verschachtelung besser geeignet ist, um sich als
„seltsame Schleife", als Knoten, Fadenring zu erkennen
wie Hofstadter dies tut. Damit habe ich eigentlich schon
alles gesagt, was ich in diesem Kapitel sagen will.

Ich hätte gerne noch etwas über die Alles Wissenschaftler –
so darf ich sie einmal nennen – wie A. Damasio beispielsweise geschrieben, der in seinem Buch „Selbst ist der
Mensch" von der Evolution angefangen über viele neuro-
wissenschaftliche Forschungen ein System von Gehirn,
Geist und Selbst in zahlreichen Ebenen gegliedert vorführt.[112] Alles hört sich wirklich interessant an und zeugt
von enormer Arbeit, aber es ist total bedeutungslos und ir-
relevant. Geist ist nur Informationsstruktur, das Selbst dagegen ist eine Mischung aus Geist und Vernunft, das nur
im Menschen auftaucht und eben Bewusstsein hat und zwar

---

[111] Hofstadter, D., Ich bin eine seltsame Schleife, Klett-Cotta
(2008)
[112] Damasio, A., Selbst ist der Mensch. Körper, Geist und die Ent-
stehung des menschlichen Bewusstseins, Siedler (2011)

aus einer inneren Rebellion her. Kurz: der Mensch ist eine äußerst vielschichtige Maschinerie, bei der alles innen mit allem außen wechselwirkt, nur um zu überleben,

Damasio spricht zwar von Subjektivität, erklärt aber nicht, was er unter Subjekt versteht. Es wird lediglich zwei Mal die unklare Chimäre eines ‚Selbst-als-Subjekt-und-Wissender' erwähnt. Dabei hätte er doch nur einmal die umgekehrte Version des ganzen Geist-Gehirn-Dramas durchbuchstabieren müssen, nämlich nicht ständig nur darauf zu beharren, wie das Gehirn den Geist erzeugt, sondern auch mal zu fragen, wie der Geist das Gehirn beeinflussen kann. Man liest heute doch immer wieder darüber, wie plastisch, biegsam, formbar das Gehirn ist, und gerade mit Hilfe der Epigenetik lassen sich hier ganz andere Schlüsse ziehen, als Damasio sich vorstellt, für den Gedanken grundsätzlich ein neutrales Geist-Gehirn-Gemisch sind.

Es gibt daher bei ihm keine Gedanken, die man bei sich nicht mag, und die zu denken Überwindung und Anstrengung bedeutet, die sich – in den verschiedenen Schichten, bewussten, halb- und unbewussten tummelnd – aufs Epigenetische und Bild-Wort-Wirkende stärker auswirken. Selbstverständlich in positiver Weise nur dann, wenn man sich analytisch, also auflösend mit ihnen beschäftigt. Denn die unterdrückten Prozesse sind es ja, die die Epigenetik auch negativ steuern können. Die unterdrückten Gedanken wirken sich dann vielleicht in den Schaltstellen des Hippocampus und der Amygdala aus und schweißen das Unbewusste zu einem verhärteten Block zusammen, während die psychische Lösungsarbeit die Verschaltungen lockert und neue Felder der seelischen Entwicklung öffnet.

So aber kann der Geist – bewusst und unbewusst – das Gehirn verändern. Nicht das ‚Selbst-als-Subjekt-und-Wissender‘, sondern das ‚dem-Unbewussten-unterstellte-Subjekt‘ ist dann das Entscheidende, das Damasios Erörterungen weitgehend konterkariert, wobei die sprachliche Verfasstheit des Unbewussten bis in die letzten und frühesten Proto-Formen hineinreicht, in denen Damasio nur Bilder, Karten und Muster sieht. Wegen der tiefen Sprachverfasstheit haben die *Formel-* und *Pass-Worte* ja diese linguistische Struktur, d. h. schon die Muster können eben sprechen, schon die Karten sagen etwas aus. Immer sind imaginäre und symbolische Ordnung miteinander ‚verschränkt‘.

In der *Analytischen Psychokatharsis* ist es das Unbewusste selbst, das die sonst vom Patienten geäußerten „freien Assoziationen“ beisteuert. Insofern sitzt der Patient, der Übende, nunmehr selbst ein bisschen in der Position des Analytikers, wo er ‚gleichschwebend‘ (gleichermaßen nach innen und außen gerichtet) die Aufmerksamkeit – psychisch in Mittelposition gehalten – verwendet. Diese Mittelposition betrifft die oben angeschnittenen Bemerkungen zur Topologie und den ‚seltsamen Schleifen’, den Verknotungen und Durchschlingungen von E.N.S.C.I.S.N.O.M, von den Schicksalsrunen und *Formel-Worten* angefangen und bis zu den *Pass-Worten* verbleibend, die doch alle in derselben Formation sind. Was ich hier erneut schreibe ist vielleicht noch ein bisschen spekulativ, aber ich stütze mich auf ‚naiv’ elementare Analogien und muss es hier anhängen, um meine Arbeit abzuschließen. Irgendjemand wird diese Zusammenhänge eines Tages noch besser wissenschaftlich formulieren können.

Immerhin ist es so, dass gerade der Begriff ‚gleichschwebend‘, der durch die „frei assoziativen" *Formel-Worte* angeregt wird und jetzt durch die *Pass-Worte* eine gehobene
Fassung erhält, darauf hinweist, dass hier nichts in der Natur, den Genen, der Astrophysik oder den Amygdala tief
unten fixiert bleibt. Im Gegensatz zu anderen Entspan-
nungs- und Meditationsmethoden, die sich auf Hirnstruktu-
ren nicht gleichmäßig verteilt auswirken, vermag die *Analytische Psychokatharsis* auf Grund ihrer wissenschaftlichen, psychosemiotischen Struktur solche verschieden ge-
lagerten Schwerpunkte zu vermeiden. So zeigte beispielsweise eine Untersuchung mit der SPECT-Methode (Sin-
gle-Photonen-Emissions-Tomographie) bei seit 15 Jahren
meditierenden Tibetern ganz andere Resultate als ver-
gleichbare Untersuchungen bei westlichen Probanden.[113]

Bei den Tibetern waren Aktivitätsanstiege im präfrontalen
Bereich sowie im Thalamus nachgewiesen worden. Im
Schläfenlappen-Bereich waren dagegen Aktivitätsabschwä-
chungen zu sehen. Die Autoren vermuten, dass aktiv kon-
zentrative Meditation zu vermindertem Raumgefühl und
Raumvorstellungen führt. Im Stirnhirn, wo die Persönlich-
keitsgestaltung stattfindet finden sich dafür die Aktivitäts-
steigerungen der Tibeter. Auch die Kommentatoren aus
dem umfassenden Werk „Neurobiologie und Psychotherapie" bestätigen, dass die unterschiedlichen Ergebnisse

---

[113] Newberg, A. B. et al., The measurement of regional cerebral
blood flow durig the complex cognitive task of meditation, Psy-
chiatry Res (2001) 106, S. 113-22

dieser beiden sehr bekannten Studien auf die unterschiedlichen Meditationstechniken zurückgehen.[114]

Bei Meditationsformen, die durch willentliche Kontrolle
gekennzeichnet sind, seien Aktivierungen im präfrontalen
Bereich und im anterioren cingulären Bereich (Verbindung
wichtiger emotionaler und kognitiver Funktionen zwischen
den beiden Gehirnseiten) zu erwarten. Umgekehrt kommt
es bei mehr passiven Meditationsformen stärker zu Aktivierungen im okzipitalen Bereich (Hinterkopf). Es ist also ins-
gesamt die Aussagekraft der Neurowissenschaften zur Meditation – wie ich es schon erwähnte – nicht sehr hilfreich.
Je nach Methode tut sich mal da mal dort etwas im Gehirn,
aber für die gesamte Theorie und Praxis des einzelnen Meditierenden kommt hier nicht viel heraus.

Vielleicht überzeugt es also den Leser mehr, wenn es um
die Epigenetik und das als ‚material‘ bezeichnete Subjekt
geht. Denn dass nachgewiesene neurologisch-strukturelle
Veränderungen eine epigenetische Auswirkung haben, ist
überzeugend. Ich halte es vor allem deswegen für überzeugend, weil eine breite Umverteilung von Energiebesetzun-
gen im Gehirn in Richtung von mehr Entspannung und
Konzentrationsfähigkeit mit Sicherheit eine positive Epigenetik erzeugt. Und darauf kam es in diesem Kapitel ja an.
Selbst der Körper, sein Altern, seine Krankheiten und seine
neuronalen Netze, können durch die *Analytische Psychokatharsis* verbessert werden.

---

[114] Schiepek, G., Neurobiologie und Psychotherapie, Schattauer
(2011), S. 301

Anhang zum Verständnis der Praxis

Erste Übung. Das Verfahren ist von seiner praktischen Seite her wie betont sehr einfach. Man sitzt in bequemer Haltung und wiederholt rein gedanklich langsam hintereinander ein, zwei oder bis zu fünf *Formel-Worte*,[115] während man gleichzeitig darauf achtet, ob etwas auftaucht, das den Charakter eines *Strahlt* hat. Erst in einer zweien Übung (siehe später) kommt durch Konzentration anderer Art eine Antwort (*Pass-Wort*) auf diese erste Übung zustande. Bei dem *Strahlt* kann es sich um eine Erhellung, Körperbildwahrnehmung, ein Schimmern, einen „Lichtpunkt" oder irgendetwas handeln, dem eben solch ein Phänomen zukommt. Lacan spricht diesbezüglich von einer Luzidität, einem ursprünglichsten ‚Leuchten'. Dabei bezieht sich Lacan ganz klar auf etwas Gegebenes, etwas, was dem sogenannten Primärprozess des Triebs zugehörig ist.

Das *Strahlt* ist also nicht etwas, das man selbst imaginieren, erzeugen oder gar erzwingen muss. Es ist in jedem Menschen als Primärform eines Kräftegeschehens vorhanden und muss so nur geweckt oder erwartet werden. Genauso kann aber auch ein ‚Durchrieseln'[116] zu spüren sein oder die Emp-

---

[115] Weitere *Formel-Worte* sind in anderen Veröffentlichungen oder auch auf der hinten angegebenen Webseite zu finden. Vorerst genügen die hier erwähnten. Mehr als fünf sollte man nicht benötigen.

[116] Ich erwähne nochmals, dass diese Erfahrung etwas mit atavistischen Gefühlsreaktionen zu tun hat, also z. B. ein den Rücken herunterrieselnden Schauer bei einer ergreifenden Musik oder den tief gehenden Emotionen der Frühmenschen, die noch viel mit

findung auftauchen, wie das eigene Körperbild sich verschiebt, sich weitet oder es einfach nur als schwarze Farbe, Fleck vor den geschlossenen Augen festzustellen ist. Denn schwarz ist schon eine Wahrnehmung, die sich von der Dunkelheit im Kopf ganz gering abheben kann. Egal was auch immer ‚gesehen' oder erfahren wird, es wird den Charakter von einem auch nur ganz geringem Es *Strahlt* haben, und das genügt.

Man muss nicht einen Kurs besuchen, um diese Erfahrung zu haben, die ja authentisch als Aspekt des Wahrnehmungs- oder Schautriebs in jedem Menschen vorhanden ist. Man kann die Übungen rein nach ausreichender Information durch den Text des Buches oder durch die kostenfreien Broschüren aus dem Internet[117] und der hier formulierten Praxisbeschreibung selbst durchführen. Während durch die Achtung auf das *Strahlt*-Phänomen bereits eine leichte Entspannung eingetreten ist, wird diese durch die gleichzeitig gedanklich wiederholten *Formel-Worte* vertieft. Es ist verständlich, dass durch das monotone rein geistige Wiederholen dieser Formulierungen das *Strahlt*-Phänomen weiter begünstigt wird, was wiederum die Wiederholungsarbeit fördert. Beides, innerliches

---

ihrer unbedeckten Haut gefühlt, ertastet und umweltbezogen kommuniziert haben. In der *Analytischen Psychokatharsis* wird diese Erfahrung jedoch als Bestätigung einer Erkenntnis genutzt z. B. bei den *Pass-Worten*.

[117] ‚Die körperlich kranke Seele I' und/oder ‚Psychoanalyse / Meditation' unter >analytic-psychocatharsis.com<. Unter gvhummel@arcor.de kann auch ein kostenfreier Einführungsabend nachgefragt werden.

Wahrnehmen des *Strahlt* und rein mentales Wiederholen der *Formel-Worte* schaukeln sich zur intensiven Katharsis auf.

Mit dem Schwung der Katharsis kommt der wichtige Effekt zustande, dass der B(r)uchstabenmix der *Formel-Worte* durch die „défilés du signifiant" hindurchgetrieben wird und die *Pass-Worte* erzeugt. Die *Formel-Worte* sind also rein **formale** Ausdrücke, die es in der üblichen Sprache so nicht gibt. So ist auch das RA-DIC-IT kein normales Wort aus dem Lateinischen, aber es beinhaltet mehrere sich überschneidende Bedeutungen in einer Formulierung, es ist „linguistisch kristallin" aufgebaut (ein Ausdruck, den Lacan für die Struktur des Unbewussten verwendet).

Außer dem radiat und dicit (*Strahlt* und *Spricht*) ergeben sich im Kreis geschrieben und von verschiedenen Buchstaben aus gelesen mehrere unterschiedliche Bedeutungen. So können wir hier z. B. auch „adi cit r" (geh heran, es bewegt R) „C i tradi" (hundert I übergeben), „citra di" (diesseits die Götter), „dicit ra" (es sagt ra), „r adic it" (füge r hinzu, es geht), „radi cit" (gekratzt werden, es bewegt sich), „trad ici" (erzähle, ich habe getroffen) etc. herauslesen, wobei vieles recht unsinnig klingt. Dies hat jedoch für den formalen Ausdruck keinerlei Bedeutung. Ausschlaggebend ist hier nur, die wissenschaftliche Begründung (mehrere Bedeutungen in einer Formulierung, Verwendung nur anderer Schnittstellen) klar darlegen zu können, und dies ist für das Verfahren sehr wichtig, weil man nur so volles Vertrauen in die Methode

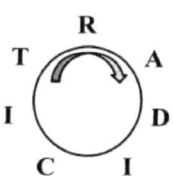

haben kann. Vertrauen in einen Therapeuten allein genügt nicht, es muss durch klares Wissen gestützt sein.

Nochmals also: es ist in bequemer Sitzhaltung und anfänglich bei geschlossenen oder halb geöffneten Augen auf das *Strahlt* (‚Scheint‘, ‚Durchrieselt‘, ‚Luzidität‘) zu achten, während gleichzeitig langsam, monoton und rein gedanklich ein oder mehrere *Formel-Worte* hintereinander in Abständen und immer wieder neu wiederholt werden. Dies ist die erste Übung, die auf tatsächlichen Vorgaben der Psychoanalyse beruht, weil durch das mentale Reverberieren eine Regression (ein innerlicher Rückzug) erzeugt wird, die sich gleichzeitig nur auf einen eingeengten Aspekt des Wahrnehmungs- bzw. Schautriebs konzentriert (das *Strahlt*).

Gleichzeitig setzt sich die *Formel-Wort*-Wiederholung an die Stelle dessen, was man in der Psychoanalyse den Wiederholungszwang, das unbewusste Wiederholen nennt. Dieses wird zumindest solange aufgehoben, wie die Übungen der *Analytischen Psychokatharsis* wirken. Ich habe schon im Haupttext angedeutet, dass dadurch eine wesentliche Hürde der klassischen Psychoanalyse vereinfacht und vermindert wird. Wichtig ist, dass es zu einer Katharsis kommt, zu einer Befreiungserfahrung und nicht nur zu einer simplen Entspannung. Es kann zu einem Gefühl sich weitenden Raumes führen, einer Wahrnehmung des Hypersphärischen, des sogenannt ‚Astralen‘, das aber einer weiteren Betrachtung wert ist, sondern nur in seiner Luzidität genossen werden kann, die sich in der Horizontalen ausbreitet. Der Philosoph P. Sloterdijk sprach hier von ‚Sphären‘, denen er eine ganze Buchreihe widmete und die wieder an Lacans Topologien erinnern.[118]

Auch was andere Therapieformen und deren Probleme angeht, kann in der *Analytischen Psychokatharsis* meist vereinfacht umgangen werden. Es genügt nämlich nicht mehr, einfach einem Therapeuten oder Meditationslehrer zu glauben und seinen einfachen Anweisungen zu folgen. Man muss heutzutage auch verstanden haben, dass das Verfahren wissenschaftliche Grundlagen hat und man mitdenken kann und soll, damit nicht in tieferen Momenten der Übungen Abhängigkeiten von der Ideologie der Methode, vom Lehrer bzw. Therapeuten oder irrationale Ängste auftreten. Das *Strahlt* (das Kristalline, Spiegelnde) der kathartischen Erfahrung ist also aus der Grundkraft des Wahrnehmungstriebs abgeleitet. Es ist somit etwas, das in jedem Menschen originär vorhanden ist, genauso wie das *Spricht* (das Linguistische, Verlautende).[119]

Nach dem R-A-D-I-C-I-T kann nun auch O-R-S-A-C-E-R-A-M hinzugenommen werden, um dem Verfahren für einen ersten Versuch drei *Formel-Worte* zur Verfügung zu stellen. In diesem dritten *Formel-Wort* stecken folgende Bedeutun-

---

[118] Sloterdijk, P., Sphären I – III, Suhrkamp (1998 bis 2004)

[119] In der Psychoanalyse gehen wir generell davon aus, dass in der menschlichen Entwicklung die symbolische Ordnung bzw. die Sprache eine entscheidende Funktion einnimmt, die die Wahrnehmung in eine reine Sinnestätigkeit und eine Triebtätigkeit teilt. Die Sinnestätigkeit ist eine Wirklichnehmung, die Triebtätigkeit eine Wahrnehmungslust, zusammengefasst sprechen wir von Wahr-Nehmung. Das Wahre kommt durch die Sprache herein, die Nehmung durch die Wirklichkeit.

gen: C eram orsa (hundertfach war ich Beginnen, amo R sacer (ich liebe das heilige R), cera morsa (das Wachs gebissen), mors acer (der Tod ist bitter), amor sacer (die Liebe ist heilig) usw. Wie betont, kann man diese Bedeutungen gleich wieder vergessen. Wichtig ist nur zu verstehen, wie die *Formel-Worte* aufgebaut sind, so dass man wissenschaftlich-intellektuell das Verfahren jeder Zeit hinterfragen kann.

Kommen irgendwelche Gefühle oder Ideen hoch, die unpassend sind oder Angst machen, kann man nachdenken oder sich weiter über das Verfahren belesen. Blinder Glaube ist nicht gefragt.

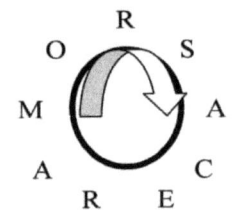

Wie im Text erwähnt sollte auf die **zweite Übung** übergegangen werden, wenn die Erfahrung des *Strahlt* und der Katharsis genügend ausgeprägt ist. Denn mit dem zündenden kathartischen *Strahlt* gelingt am ehesten im Unbewussten der Wechsel (durch die „défilés du signifiant" hindurch) von der mehr bildhaften auf die mehr wortbezogene Seite. Dort ist nunmehr auf genau dieses *Spricht*, dieses Körper-Echo, also auf einen von oben / rechts im Kopf herkommendes Verlauten, auf einen ‚Ton' aus dem tiefen Inneren zu achten. Allein schon der ‚Ton' errichtet einen Halt in der Vertikalen. Auch hier kann ich mich auf P. Sloterdijk beziehen, der von der ‚Vertikalspannung' schrieb, über die er sich fast etwas lustig machte, weil er nichts damit anzufangen wusste, weil sie ihm mythisch vorkam und er nur die Sozialhorizontale kennt.[120] Doch es gibt diese Vertikale

---

[89] Sloterdijk, P., Du musst dein Leben ändern, Suhrkamp (2009)

tatsächlich, sie entspricht einer Lotung, Haltung, Festigung, in einer unverrückbaren Zeit.

Es sind schließlich Buchstaben, die aus diesem ‚typographischen' Raum herausklingen und die das Unbewusste dort gespeichert hält. Und genau in diesen Raum sind die *Formel-Worte* eingedrungen und haben die Buchstaben geweckt und evoziert. Auch hier wieder gilt das Gleiche: es handelt sich um einen ganz originären Aspekt des Entäußerungs- bzw. Sprechtriebes, der in jedem Menschen als Primärprozess vorhanden ist und im Unbewussten sogar die Form ganz knapper, kompakter „innerer Sätze", „ultrareduzierter Phrasen" annimmt (alles Begriffe Lacans für diese lautliche Erfahrung). Auch hier können anfänglich nur ein feines Rauschen, ein ferner Laut oder Ähnliches wahrgenommen werden können, der Übende wird jedoch von Anfang an bemerken, dass es sich hier um eine Konzentration auf ein mehr oben-rechts oder oben-zentral im Kopf befindliches Hör-Sprechsystem handelt, zu dem die Echos des Körpers Beziehung haben, auf die hier zurückgegriffen wird.[121]

Ich bin im Text vielfach darauf eingegangen, zu welchen mehr analytischen und damit auch weniger kathartischen Effekten diese zweite Übung führt. Es bleibt nicht beim einfachen Hören und Erfahren von inneren Lautphänomenen, sondern von Buchstabenfolgen bis hin zu kurzen Sätzen. Solche – von Lacan auch als „ultrareduzierte Phrasen" be-

---

[121] Auch wenn das eigentliche Hör-Sprechsystem im Kopf links-seitig angelegt ist, ist eben rechtsseitig das mehr rudimentäre, musikalische und der Regression besser zugängliche Hör-Sprechsystem vorhanden.

schriebene Kurssätze nenne ich *Pass-Worte*, Identitätsworte, weil sie direkt aus dem Unbewussten kommend natürlich mit der Identität des Übenden zu tun haben. Beispiele dazu habe ich mehrere im Text geschildert. Jeder muss hier selber mit Geduld ausprobieren, was er als *Pass-Wort* anerkennen kann. Manchmal ist es nämlich so, dass man erst fast im Nachhinein, in der Endphase der *Pass-Wort*-Erfahrung, des Phrase-Hörens, den Kurzsatz wahrnimmt. Manchmal scheint es ein sehr, sehr leiser Gedanke zu sein, der aber dennoch klar oder ziemlich klar ist. Ich muss mich hier so diffus ausdrücken, trotzdem besteht an dem Phänomen kein Zweifel und zwar sowohl von der psychoanalytischen Theorie her wie auch von den zahlreichen Erfahrungen, die ich bisher sammeln konnte.

Gleichzeitig betone ich erneut, dass beim Deuten der *Pass-Worte* – falls diese nicht von vornherein eindeutig sind – in beiden Richtungen geprüft werden sollte: hat es etwas mit dem Kausalen eines verdrängten Begehrens zu tun oder mit dem Finalen von etwas Kreativem. Oft gilt beides gleichermaßen, wie ich an den Beispielen im Text gezeigt habe. Ganz unverständliche *Pass-Worte* sollte man jedoch gleich verwerfen. Nochmals also: Nach der ersten Übung, dem gedanklichen Wiederholen mehrerer Formel-Worte bei gleichzeitigem darauf achten, ob man ein *Strahlt*, eine Luzidität, ein ‚Durchrieseln‘, eine befreiende, kathartische Erfahrung, wahrnimmt, geht man zur zweiten Übung über. Hierbei konzentriert man sich auf den Laut, den Ton, das *Spricht* von oben oder rechts innen her, bis man völlig das Köperbewusstsein überstiegen hat. Bemerkt man, dass der *Strahlt*-Anteil beim Üben zu stark ausfällt, wechselt man zur *Spricht*-Übung und umgekehrt. Beide Übungen sind jeweils nur für bis zu zwanzig Minuten durchzuführen. Der Wechsel von praktischer Erfahrung und theoretischem Denken ist wichtig, weil am Ende etwas Gemeinsames herauskommen wird: eine gedankliche Selbsterfahrung, eine praktische Logik, eine kathartische Analyse. Letztendlich finden beide Übungen zu einem inneren ‚Auftrag‘, einer Gewissheit, auch am Verfahren mitwirken zu können.

Literaturverzeichnis

Albrecht, C., Psychologie des mythischen Bewusstseins (1976)

Appleton, T., Warum verschwanden die Neandertaler, Heyne (1999)

Barad, K., Verschränkungen, Merve (2015)

Damasio, A. R., Selbst ist der Mensch, Siedler (2012

Eccles, J. C., Gehirn und Seele, Piper (1987)

Freud, S., Abriss der Psychoanalyse, Fischer Taschenbuch, 1996

Greenstein, G., Der gefrorene Stern, DTV (1988)

Hummel, v. G., *Analytische Psychokatharsis*, BoD, 2011

Kirpal Singh, Die Krone des Lebens, Günter (1974)

Krishna, Gopi, Über Bewusstseinserweiterung, Meditation und Yoga, Manas (1986)

Lacan, J., Die vier Grundbegriffe der Psychoanalyse, Walter,1980

Lacan, J., Schriften I – III, Walter (1984)

Lacan, J., Seminare NR. III, IV, VIII, XVII, edit. seuil (1981-1994)

Linke, D., Kunst und Gehirn, ROWOHLT (2001)

Livio, M., Ist Gott ein Mathematiker?, DTV (2014)

Merleau-Ponty, M., Das Sichtbare und das Unsichtbare, W. Fink Verlag (1994)

Overbye, D., Das Echo des Urknalls, Droemer-Knaur (1991)

Pinker, S., Der Sprachinstinkt, Kindler (1996)

Platon, Sämtliche Werke, Insel Verlag (1991

Popper, K. R., Eccles, J.C., Das Ich und sein Gehirn, Piper (1989)

Randall, L., Die Vermessung des Universums, Fischer (2012)

Rosset, C., Das Reale in seiner Einzigartigkeit, Merve (2000)

Rüdinger, D., Perrez, M., Anthropologische Aspekte der Psychologie, O. Müller (1979)

Schulz, I. H., Das autogene Training, Thieme (1973)

Schumacher, E. F., Small is beautiful. Die Rückkehr zum menschlichen Maß, von Müller C.F. (Juni 1995)

Siebenkäs, S., Denkbar – undenkbar, BoD (2013)

Terenzi, F., Der Kosmos ist weiblich, Goldmann (1999)

Unzicker, A., Auf dem Holzweg durchs Universum, Hanser (2012)

Weischede, Zwiebel; Neurose und Erleuchtung, Klett-Cotta, (2009)

Weitere Informationen finden sich auch unter
www.analytic-psychocatharsis.com

Weitere Bücher des Autors aus dem MCS-Verlag

Analytische Psychokatharsis
Psychoanalytische Theorie und kathartische Meditation können nicht einfach ineinander überführt werden. Setzt man beide Verfahren aber durch ein entscheidendes Element (einen „linguistischen Kristall") in Beziehung, lässt sich ein eigenes neues Verfahren begründen. Die Psychoanalyse und die meditativen Methoden werden diskutiert, und die Praxis des eigenen Verfahrens wird ausführlich

Verinnerlicht Euch !
Die klassische Methode der Analyse des Unbewussten stellt eine zu theoretische Revolte des Selbst dar. Um in der Praxis Erfolg zu haben bedarf es eines direkteren selbstanalytischen Verfahrens, das jeder aus sich selbst heraus entwickeln kann. Formulierungen, die in einem einzigen Schriftzug mehrere Bedeutungen enthalten, können das Unbewusste jedes Einzelnen durch mentales Üben aufbrechen und zu sich selbst befreien.

‚teetrunken' Ausgangspunkt des Buches stellt die Lehre des Psychoanalytikers O. Graf Wittgenstein dar, der davon ausging, dass der Mensch in sich drei Teile birgt, die er nur verschiedentlich zu einer Einheit bzw. einheitlichen Persönlichkeit verbinden kann. Die letztliche und ideale Einheit nennt er den 'Trialog'. Anhand der Schilderung mehrerer Bergbesteigungen durchstreift der Autor alle möglichen kulturellen und psychologischen Fragestellungen, um im Endeffekt den 'Trialog' durch das Wandern, Meditieren und intellektuelle Verarbeiten zu erreichen.

Yoga und Psychoanalyse
An Hand einer wissenschaftlichen Biographie des Religionswissenschaftlers und Yogalehrers Kirpal Singh (Surat Shand Yoga) werden alle Yogaformen von der Seite der Psychoanalyse her betrachtet. Es ergibt sich die Notwendigkeit ein eigenes Verfahren zu begründen, das der Autor auch *Analytische Psychokatharsis* nennt. Zahlreiche Bilder und Schemata machen das Buch anschaulich.

Liste anderer Werke des Autors im MCS-Verlag

Herz-Sprache, Eine Psychoanalyse des Herzens

Politik / Therapie, Begreifen, was man schon weiß - wie Politik therapeutisch zu denken wäre

Das autochthone Genießen, Essays zu einem neuen selbstanalytischen Verfahren

Zweimal den Tod überlisten, Ein Traktat zu Sisyphos, wie man das Streben heute meistert

Siddharthas Wiederkehr, Ein wissenschaftlicher Roman – eine Anregung zur Selbstanalyse

Nach Lacan, Über Physik, Psychoanalyse und die Metapher des Genießens – eine Selbstpraxis

Das Gerade und das Gekrümmte, Die Behandlung einer Psychose

Die Mathematik des Eros, Die ‚perfektoiden Räume‘ des Unbewussten – eine Selbstpraxis

Die körperlich kranke Seele, Eine Broschüre zu Theorie und Praxis der *Analytischen Psychokatharsis*

Platons Lieb-ido, Ein wissenschaftlicher Roman – eine Überredung zur Selbsttherapie